电力科技论文写作

学位论文及英文科技论文写作指南

编　　著：赵玉闪　李丽君
编写人员：张　倩　孙　利　姜　雪
吴学惠　余青兰　王　华

河北大学出版社

电力科技论文写作

图书在版编目（C I P）数据

电力科技论文写作 ：学位论文及英文科技论文写作指南 / 赵玉闪，李丽君编著. -- 保定 ：河北大学出版社，2015.9

ISBN 978-7-5666-0963-2

Ⅰ. ①电… Ⅱ. ①赵… ②李… Ⅲ. ①电力工业—科学技术—论文—写作 Ⅳ. ①H152.3

中国版本图书馆CIP数据核字(2015)第189712号

DIANLI KEJI LUNWEN XIEZUO

责任编辑：王殊宁
装帧设计：赵　谦
责任印制：靳云飞

出版：河北大学出版社（保定市五四东路180号）

经销：全国新华书店

印制：河北新华第一印刷有限责任公司

开本：710mm×1000mm　1/16

字数：261千字

印张：13.5

版次：2015年9月第1版

印次：2015年9月第1次印刷

书号：ISBN 978-7-5666-0963-2

定价：29.00元

前　言

随着社会对“应用型”研究生的需求不断增长，电力行业也需要更多懂理论、会应用、国际化的专业人才，从而更好地适应电力行业的发展和企事业单位的需求。在目前的研究生培养模式中，学位论文撰写是培养学生独立分析问题、解决问题的主要手段。在论文撰写过程中，学生要努力发现有价值的问题，并就某个特定问题，通过理论研究、调查分析或实验等方法，撰写出论证翔实、富有逻辑性的文章。然而，现实情况是学生对论文的目的和意义不太明确，对论文撰写的方法和技巧不够了解，这些直接影响了论文的写作质量。因此，从选题、查找文献到开展正文写作，再到具体的图标、数据处理等环节，都需要得到全面的指导，并进行认真的学习。在研究生阶段，有必要系统地学习论文写作的相关知识，以提高论文写作与科学研究的综合能力，为以后的学习和工作打下坚实的基础。

本书从实用性的角度出发，以论述与实例分析相结合的方式较为详尽地介绍了电力科技学位论文与学术论文的撰写方法，主要内容包括基本结构、写作要点、写作规范、常用表达等，全书分为上篇与下篇。上篇主要针对研究生学位论文的写作进行了详细的论述与分析，并有针对性地介绍了电力相关专业硕士研究生学位论文的特点及其基本结构、写作中的一般思路和写作方法等。在编写上篇时，作者充分考虑了电力相关专业研究生的学习科研能力和论文写作特点，并选取了电力相关专业优秀学位论文为例子进行分析，以期解决电力相关专业研究生在学位论文写作中遇到的问题，力求对论文写作提供实用有效的指导意见和方法。

本书下篇的撰写目的主要是为帮助电力科技人员了解和掌握英文电力科技论文的写作规范和技巧。随着国际科技交流的日益频繁，越来越多的电力科研人员及青年学者撰写英语科技论文，并期望能在国际学术期刊上发表，或参加国际会议与同行交流，以展示自己的研究成果及研究能力。英文论文的写作水平是研究成果展示的重要因素。在撰写下篇时，作者充分考虑了电力科技工作者在撰写英文科技论文过程中可能会遇到的问题，全面、清晰地阐释了英文电力科技论文的写作要点、常用表达、投稿注意事项等。各章节的论述均以国际知名学术期刊的优秀论文为例子，并辅以详细的分析与解释，以期为电力科技论文的撰写提供帮助。

本书上篇所选取的实例大部分来自华北电力大学2010—2012年校优秀硕士学位论文，在此对论文作者、华北电力大学研究生院及图书馆表示衷心感谢。在撰写本书过程中，编者查阅了大量的文献资料，付出了巨大的努力和精力，但由于水平有限，本书难免存在错误与不当之处，恳请读者及相关专家提出宝贵意见，以便再版时进行修订和完善。

编者

2015年5月

目　录

下篇

上篇

第 1 章　学位论文及其相关要求

学位论文是现代大学教育体制的重要组成部分。在我国，自高考制度恢复以来，高等学校中普遍建立了本科生、研究生毕业论文和学位论文写作制度。当前，学位论文制度与入学考试制度、学分制度、学位制度等一起，共同构成了现代高等教育体制的主体。高等教育借助系统化、程序化的学位论文写作和评审，培养了大量知识创新型人才。高等教育中的各种具体培养方法——社会实践、调查报告、课程论文和小论文，归根结底都是为学位论文的撰写来服务的。

1.1　学位论文及其功能

学位论文是一种具备高度创造性的脑力劳动，根据高等教育的多样化培养目标和不同阶段，学位论文呈现多样化的特点。同时，学位论文也是实用性很强的信息传播形式，具备多种重要的功能。

1.1.1　学位论文的界定

在高等教育阶段，高校的培养目标中，独立的思辨和科研能力是研究生学习阶段培养的核心目标。在书面或者口头的测试中取得合格的成绩只是体现学生学习能力的一个方面，是否能够独立完成合格的课程论文、学术论文和学位论文成为学生学习能力和学习成就的一个重要指标。根据 GB 7713－1987《科学技术报告、学位论文和学术论文的编写格式》的定义："学位论文是表明作者从事科学研究取得创造性的结果或者有了新的见解，并以此为内容撰写而成，作为提出申请授予相应的学位时评审用的学术论文。"

硕士学位论文是指硕士研究生或具备硕士研究生毕业同等学历的人员，用以申请硕士学位的论文。硕士论文应能体现作者在本门学科的研究上具备坚实的理论基础、系统的专业知识和扎实的基本技能，并对所研究的课题有一定新的见解，已经具备独立从事科学研究工作和专门技术工作的能力。（《中华人民共和国学位条例暂行

实施办法》,1981)

一般来说,硕士论文在3万到4万字左右,优秀论文最关键的因素在于论证完整翔实,在理论和实践上有所突破和创新。另外,在结构、语言、格式要求等方面,不同学科的学位论文必须满足该学科较为固定的范式要求。形式上严格的规定是保证学位论文学术性和严谨性的前提,同时,较为统一的格式也利于学术圈内思想成果的共享和交流,尤其有利于在全球范围内共享各个国家、各个大学和各大科研机构在某一特定课题上的研究成果。

在内容上,学位论文必须体现作者对所选择的题目具备创新的思维和独到的见解。要符合这个要求,论文的作者必须熟悉所研究的领域,并对该领域做过系统深入的研究,同时依据辩证思维原则,进行科学实验或实证研究,在现有研究的基础上有所突破和创新。论文内容的形成应该看作是一个动态的过程,从课题的选择、课题设计、选题报告,到中期检查、初稿形成、反复修改、最终定稿到最后的论文答辩,作者通过认真观察、积极思考、勤奋钻研,会在学习思考中逐步深化对相关理论的认识,逐步提高自己分析和解决问题的能力,逐步提高个人开拓创新的能力,从而为未来的工作打下坚实的基础。因此,从这个意义上来看,撰写学位论文的过程在高等教育尤其是研究生教育中至关重要。学位论文的撰写既是教育成果的重要体现,也是教育实施的重要过程。

1.1.2 学位论文的功能

在大学学习阶段,对于文史类学生而言,学术论文和学位论文是检验和考核其知识积累、思辨能力和创新能力的必要手段;对于理工科学生而言,学位论文是其毕业设计中不可或缺的环节,是其科研能力和创新能力的综合体现。通过展示精确科学的实验设计、丰富翔实的数据和逻辑化的论证推理,从而综合展示学生在某一科研命题上的研究过程和成果。

总而言之,学位论文的写作是一种创造性脑力劳动,是实用性强、应用面广的知识和文化积累过程,在学校教育和人才培养中有非常重要的意义。具体包含以下几个功能:

(1)评价学习业绩

学位论文是申请学位的必要条件,是高等学校和科研机构对研究生学业考核的重要形式。在研究生的培养方式中,课堂授课关注培养学生学习、综合和梳理知识的能力,而独立发现问题、独立分析和解决问题的能力只能通过学位论文写作这一环节来实现。学位论文在写好以后,要进行论文答辩,在答辩和其他课程考试合格以后,才能够授予相应的学位。学位论文作为评价研究生学业成绩的基本依据,是评价其是否达到合格要求的准绳。在答辩委员会进行论文评审的时候,会综合考察该篇论文的选题是否得当,论证是否充分,实验设计是否合理,实验过程是否科学,结论是否符合逻辑,从而对作者的学术素养和认识水平做出初步评价。在论文答辩时,答辩委员会的成员会就论文进行提问,对作者的学术素养和能力进行更直观、深入的了解,从而对作者研究生阶段的学业做出综合评价。

(2)交流科研成果

学位论文不同于一般的课程论文和平时作业,通常会作为公共性的知识产品,保存在高等学校的图书馆,或者上传到互联网成为电子文库内容。《中华人民共和国学位条例暂行实施办法》中明确规定:"已经通过的硕士学位和博士学位论文,应当交存学位授予单位图书馆一份;已经通过的博士学位论文,还应当交存北京图书馆和有关的专业图书馆各一份。"(《中华人民共和国学位条例暂行实施办法》,1981)因此,学位论文已经成为科技信息的重要来源之一。例如,许多优秀的学位论文都入选了中国知网(www.cnki.net)中国优秀硕士学位论文全文数据库,成为其他作者阅读和研究的重要参考文献。因此,优秀的学位论文不仅仅是对自身研究生阶段学习的总结和考察,还能够起到交流科研成果、共享科研成果的目的。在我国,知网、万方数据库、百度文库、豆丁网等知名的电子资源中心都提供了大量的学位论文,用户可以通过单位集体购买使用权或者按照下载的页数单独付费的形式来下载分享其他作者的科研成果。许多电子资源库还提供大量免费的学位论文资源供用户检索参考。在国际上,Wiley Inter Science,IEEE,EBSCO,PROQUEST 等都是全球知名的电子资源数据库,其中 IEEE(Institute of Electrical and Electronics Engineers)为电子信息领域最著名的跨国性学术团体,EBSCO 是种类最多、类别最齐全的综合性数据库,旗下还包含有 ERIC(Education Resource Information Center)等免费数据库,而 PROQUEST 旗下的 PQDD 则是世界上著名的学位论文数据库,收录有欧美 1000 余所大学文、理、工、农、医等领域博士、硕士学位论文,是学术研究中非常重要的信息资源。在中国,人们一般都可以通过高校图书馆登录上述数据库,进行资源共享和参考。一般高校会依据学校特色和专业来购置不同的数据库供师生使用,例如,华北电力大学图书馆购置有 IEEE、万方、知网等数据库,从而方便该校师生的学习和科研。

(3)促进科研创新

对论文作者而言,撰写论文需要对某一门类的知识有更加系统和深入的认识,需要对前沿文献更加深刻的理解和阅读,需要主动去发现问题并主动寻求问题的解决方案。因此,论文撰写的过程是作者系统梳理某一领域知识结构,并对原有知识进行再提炼、再更新的过程,也是综合运用所掌握的知识和技能解决实际问题的训练,是锻炼作者系统地分析、思考问题,综合应用各种知识的最佳方式。优秀的学位论文绝非仅仅停留在文字层面,更看重的是作者分析问题、解决问题的能力,以及作者观察问题的洞察力、逻辑思考能力和科研创新能力。开拓创新是任何科研活动的灵魂所在。面对问题,另辟蹊径,在已有研究的基础上积极探索新的解决方法,力求突破,是对作者创新能力的最好锻炼。而且,学术论文在格式上也有既定的要求,一般要求格式规范、论述严谨、言之有理、言之有据,这是锻炼作者严谨细致的工作态度和工作方法的最佳方式。

从广义上看,科学技术的传承是通过包括学位论文在内的科技文献来实现的。一项研究成果,总是在前人的研究基础上开拓创新的。任何作者的研究,从历史的观点来看,都扮演继往开来、传承古今的角色。任何科技研究,都是在以前研究的基础上,通过某个方面或者某个角度的创新,来延续该领域科技的发展。学位论文是科技文献的重要组成部分,科技创新的内在要求促使每位作者不断开拓创新,推动人类科技逐步向前。优秀的工科毕业论文往往能够推动科技的发展和社会的进步。(蒋瑞松,2011)

例如,硕士学位论文《鹤岗地区电网故障恢复系统的设计与开发》针对黑龙江鹤岗地区气候寒冷、高压设备节点运行温度不易在线监测的难题,提出基于 Zigbee 技术的无线温度在线监测预警系统方法,并对系统的构成和设计进行了详细的阐述,从而降低停电检修、火灾以及大面积的停电事故发生机率,提高电网高压设备的可靠性和安全性。这样的论文理论联系实际,针对性强,解决方案具体,是硕士研究生撰写论文的很好借鉴。

1.2 学位论文的特点及构成

学位论文不仅应该具备科学性、创新性、学术性及应用性,而且应该选题合理、针对性强、逻辑严密、论证科学、结构严谨及语言规范。学生的知识结构、选题、导师和研究生之间的良性互动及外部氛围都会对论文质量产生一定的影响。

1.2.1 学位论文的特点

学位论文由于其写作内容、形式和用途的特殊性,自然形成了相对固定的特征,主要表现在以下几个方面:

(1)科学性

科学研究的目的和本质决定了学位论文应该具有科学性。科学研究的目的就是要找出和探究事物发生或发展的规律,帮助人们正确地认识世界和改造世界。学位论文是研究者科学研究活动和成果的总结,因此在形式和内容上都应具备科学性。学位论文的内容应切合实际,所依据理论应该较为成熟,论证的技术路线应具有合理性和科学性。

(2)创新性

科学研究的目的和本质决定了学位论文应该具有创新性。在理论研究上有所突破,提出新观点的是科学研究的最终目的。另一方面,新材料、新工艺和新方法的采用也是科学研究的重要方面。

(3)学术性

学位论文不同于介绍产品形状、用途的产品说明书,也不同于工作汇报和科技报告。它对事物外部行为和内部发展过程只做抽象的叙述和论证,主要侧重探索事物发展的本质和规律。学位论文通常会沿袭以下的顺序来进行论证:首先是分析调查和试验数据的结果,提出研究的预设;其次是对提出的研究预设进行符合逻辑的论证。

(4)规范性

科技工作是遵循一定的科技规律来进行的,按照科技工作的规律去安排层次、段落,就逐渐形成了一定的格式,形成了学位论文固有的学术格式。如前所述,学位论文正文部分的结构,一般呈现为前言(绪论)、理论综述、研究方法、研究设计(研究实验)、研究过程及研究结论等5到6个部分。每一个部分论述的内容也相对固定。国际标准化组织(ISO)曾对一些常用的科技问题的编写格式制定了标准,如ISO5966-1982《科学文件和技术报告的编写标准》。我国国家标准局也颁布了GB 7713-1987《科学技术报告、学位论文和学术论文的编写格式》,GB 7714-2005《文后参考文献著录规则》等。这些"标准"是科技文章写作实践的总结,具有高度的科学性和标准性。它们是作为国际或者国家标准正式公布的,具有权威性,要求我们共同遵循。在学位论文里,科学名词、术语、计量单位的使用也必须符合规范。(蒋瑞松,2011)

(5)应用性

学位论文的应用性也是由其内在性质决定的。学位论文是为了解决实际问题而写的,有着明确的实用性。理工科的学位论文通常是对毕业设计成果的总结,研究的成果常常表现为对某项技术革新或者发明的建议,某个硬件或者软件的样例,或者是专业的发明专利。对于普通硕士研究生来说,选题大部分偏重对理论的基础研究和创新拓展,但是要求学生尽可能地将理论分析和实际应用结合起来。(蒋瑞松,2011)

1.2.2　学位论文的要素

一般来说,每学年的6月份到7月份,是各个高等学校论文答辩的时间。经过答辩委员会专家的评审和现场答辩,每年都会产生一批优秀的硕士学位论文,也有部分硕士学位论文因为评审没有通过,或者现场答辩没有通过,而需要推迟答辩,还有的需要延长学习年限,重新答辩。为了避免这种情况的发生,就需要每位作者了解合格的学位论文应该满足什么样的要求,从最初选题到最后答辩,严格执行各项标准,避免不合格现象的发生。合格的学位论文应该满足以下要求。

(1)选题合理,针对性强

一篇合格的论文首先必须要有合理的选题。选题切忌过大,选题过大会让论文研究的问题无法聚焦,陷入“什么都提到,但是什么都无法深入”的困境。选题也切忌过小,过小的选题无法拓展,使论文失去探索研究的价值。好的选题一般围绕热点问题进行研究,切入的角度要新颖。所选的题目或者着手于从理论上突破,或定位于在实践上有所创新。

(2)逻辑严密,论证科学

合格的论文在论证部分必须逻辑严密、科学、有理有据。首先,作者要对先前的研究有深入透彻的了解,有足够的知识储备,对该命题的历史背景、当前研究现状和未来发展的预期有清晰的认知和了解。在此基础之上,作者进行科学的演绎和推理,或者进行科学的实验设计,并据此得出明确的结论。

(3)过程清晰,结论明确

合格的论文必须有清晰、明确的论证过程。理工科的学位论文,一般需要呈现明晰的实验设计,或者是开发方案、具体翔实的数据和严密科学的逻辑推理。同时,还必须有清晰明确的结论,或者着力于在理论上有所突破,或者着眼于解决现实存在的问题。论文的结论一般是对先前提出的研究问题和假设做出明确的回答。论文的结论切忌模糊不清,必须清晰、明确回答先前的研究预设。

(4) 结构严谨,语言规范

学位论文一般都有相对固定的结构,具体的结构会因研究方向和学科的差异而呈现不同的特点。还是以《鹤岗地区电网故障恢复系统的设计与开发》为例,该论文一共6章,包含:绪论、电力系统温度监测方法、无线温度在线监测系统的设计、无线温度在线监测系统的特征、无线温度在线监测系统在鹤岗地区的实现、结论与展望。每部分的行文都有自己相对固定的格式。以绪论部分为例,作者在这部分重点介绍选题的目的和意义、国内外研究概况,然后自然地引出论文主体的研究工作。第2章介绍了本研究涉及的理论基础,第3章主要介绍自己的设计方案,第4章具体介绍了本研究设计方案的特征,第5章侧重该方案的应用,第6章介绍的是本项研究的结论和对未来的展望。

在语言方面,学位论文的语言必须正式、客观、严密,因为研究的方法和所得出的结论在一定范围内是可重复的、稳定的,不会因为主体的变化而变化,所以一般避免使用主观表述。例如,在表述结论的时候,一般不会使用“我认为……”“我们认为……”等主观色彩浓厚的语言,而是使用“研究认为……”等客观的表述。

1.2.3 影响学位论文质量的要素

学位论文的质量综合反映了高校研究生教育的水平和质量,对学生个人的影响也举足轻重。一般来说,学位论文的质量通常直接反映了作者的学术水平:作者是否具备扎实的专业知识功底,是否具有合理完整的研究设计,是否投入足够的时间和精力反复试验、反复修改,等等。从广义上看,还有如下因素会影响学位论文质量。

(1)知识结构

合理的知识结构是学术创新能力的基础。目前,大部分高校的研究生录取遵从"宽口径,厚基础"的原则,从构建合理的知识结构出发,培养知识广博、基础扎实的研究生。研究生的课程设置必须要科学,既注重理论基础和专业知识,又注重拓宽学生的知识面和专业视野,造就综合素质和综合能力并重的学生。

(2)选题

选题是否新颖是影响学位论文质量的关键因素。一般而言,科研项目的创新体现在两个方面:研究对象创新与研究方法创新。寻找选题的过程需要时间的积累,它是建立在查阅相关文献、分析数据、研究不同方法,并经过研究者反复思考,提炼,再思考,再提炼并最终形成自己目标选题的过程。在导师的指导下逐步形成自己的选题是培养研究生发现问题、分析问题的重要方法,是研究生培养过程中不可或缺的环节,是影响该学位论文是否能够取得成功的关键因素。

(3)良好的外部氛围

学术交流和学习活动是成功的研究生培养过程中必不可缺的外部条件。要鼓励研究生广泛参加国内、国外相关研究领域的学术交流,学习知名专家学术报告,帮助他们了解该领域最前沿的研究动态,帮助他们拓宽眼界,启迪思维,激发创新;创造积极、开放的外部环境,鼓励研究生勇于表达自己的观点,提出自己的主张,逐步形成一种交互式的开放环境,从而激发学生的研究兴趣,促进该领域不断创新。

(4)导师和研究生之间的良性互动

导师与研究生之间是否能够形成积极的良性互动是影响研究生论文质量最直接的因素。导师对研究生的指导和影响贯穿于研究生学习过程的始终。导师的工作包括传授知识和科研经验、引导科研方向、完成科研成果和论文审核,更重要的是要通过自身的价值观、学术素养、治学态度和学术影响,引领学生未来的科研和学术之路。因此,研究生应尽量选择和导师研究方向一致或接近的研究课题,主动与导师沟通论文写作过程中遇到的问题,并虚心接受导师的意见。

(5)创新思维方式的培养

创新思维是科学研究的灵魂。研究生阶段首先要广泛、系统学习专业理论和知识,同时要兼顾分析、研究、解决问题能力的培养,注重创新思维和开拓精神的培养。这两个方面的培养目标相辅相成,缺一不可。没有专业的理论知识和能力作为基础,创新思维的培养将会是无源之水;没有创新思维的推动,知识就会成为僵化的教条,缺乏实用性。相比而言,创新思维方式的培养更具挑战性。不断探索和创新,始终是任何科研活动的灵魂。

(6)规范化写作的技巧和习惯

学位论文是研究者将自己的科研成果进行理论分析和科学总结的学术文体,是交流学术研究成果的工具。因此,学位论文的撰写必须符合格式标准、表达规范的要求,保证其学术交流和传播目的的实现。一般来说,不同学科、不同专业领域的学位论文有各自特定的写作规范。理科的学位论文更加注重逻辑的推理和论证,电力行业的学位论文强调科学的实验和真实的结论。不同领域和专业的学位论文表现出迥然不同的学科特色。

1.2.4 科学研究方法

科学的研究方法是任何科研活动的前提。各个学科的科研活动,就形式和内容来看千差万别,但其目的都是为了透过纷繁复杂的现象,通过分析、对比、推理,演绎等种种逻辑方法和经验手段,找到内在的规律,丰富该门学科研究的方法和内容。不同学科的科研方法呈现出风格迥异的学科特性和鲜明的学科特色。一般来讲,科研方法包括以下三个类型:经验研究方法、理论研究方法和系统科学研究方法。

(1)经验研究方法

经验研究方法重视经验材料的收集和准备,注重在先前本领域研究的基础上逐步形成新的研究方向和目标,借助成熟的科研方法和流程,在前人研究的基础上有所改进和创新。经验研究方法具体包括:

①文献研究法

文献研究的目的是为了对所要研究的问题有全面的了解和分析。广泛收集材料,了解所要研究问题的历史、现状,从而逐步认识到本研究还存在哪些方面的困难,需要从哪些地方进行突破等。社会发展的高度信息化和网络化给文献研究提供了多种便捷的渠道,各大高校的图书馆都储存有丰富的工具书、光盘,有各种专业特色鲜明的电子数据库检索资源。读者不仅能够很方便查阅到相关研究问题在本国的研究概况,还能找到它在其他国家研究的数据库。文献研究法是许多学科研究得以顺利开展的基础。

②观察法

观察法是研究者有目的、有计划地借个体感觉器官,或者借助科学观察仪器,了解当前正在发生的、处于自然状态下的事物发生、发展和变化过程的方法。观察法在许多学科的研究中都有广泛应用。

③实验研究法

实验研究法是非常重要的自然科学研究方法,并逐渐为社会科学领域所借鉴。

实验研究法是实验设计者有目的、有意识地改变特定自然和社会环境，从而引起实验对象的发展和变化，探究其本质和规律的行为。在电力相关学科中，许多研究都是建立在实验研究的基础上。例如《Co-Fe_2O_3／Al_2O_3 与 Fe_2O_3／粉煤灰作用下化学链燃烧特性研究》就是在大量实验的基础上才得以完成的学位论文。(石司默，2013)

(2)理论研究方法

经验的研究法主要借助前人的研究成果，或者是借助实验的材料和数据，并在此基础上有所创新和提高。要出色完成某个研究问题，仅仅依靠实验的方法是远远不够的，必须要结合理论的方法对所获取的知识和数据进行梳理分析、归纳总结，从而实现从碎片化到系统化，从感性材料到理性认识，从现象到本质的飞跃。

一般来说，学术研究中的理论方法主要包括思维方法和数学方法两个方面：

①思维方法

思维方法是指归纳、演绎、推理、概括、分析、综合等对学科和专业的发展具有普遍指导意义的方法。思维方法是人类智慧成果得以储备和传承的重要工具，也是从纷繁复杂的表象中找到客观规律，进行准确思维的科学武器。

②数学方法

数学方法是利用数学工具对研究对象进行一系列数量处理，进行数量的说明和判断，并以数字的形式表述研究成果的方法。任何研究的对象都是质和量的统一体，质变和量变是互相制约的，量的发展必然会逐步引起质的变化。科学的研究，应该既有定性的规定，又有定量的表述。在电力相关学科研究中，数学方法主要是运用统计处理和数学分析来对对象开展研究，例如《基于改进蚁群算法的配电网网架优化研究》(李岩，2013)。

(3)系统科学研究方法

20世纪以来，系统论、控制论、信息论等横向科学得到快速的发展，科学研究的方法越来越丰富、全面、多样化，也使人们的综合思维、立体性思维的发展成为可能。系统科学方法应运而生，既突破了传统方法的局限性，又深刻改变了科学方法论的本体；既可以是经验方法，又可以作为理论方法，适用于科学认识的各个阶段和各个过程，为学术科研的繁荣兴旺提供了无限广阔的发展空间。

1.2.5　电力科技论文的研究方法和过程

电力行业是我国国民经济的基础和支撑，关系着我国是否能够顺利实现现代化、工业化的发展目标，关系着所有和国计民生息息相关的行业的良性发展和未来。而电力相关学科的理论研究和实践探索，将为电力行业的健康发展奠定理论和实践借鉴的基础，是电力行业不断前进和突破的基石。当前，我国电力相关学科科研工作基本依托各大中专院校和各级电力科学研究院，由教育部、电力部、各级地方政府、企业和商业机构提供科研资金支持而开展。按照目前公认的“大电力学科”的框架，电力相关学科一般包含电气工程与自动化、电子信息、热能与动力工程、可再生能源、核电等专业方向，门类齐全，形式多样，共同构成了一个完备的现代电力研究的科学基础。在大电力学科的研究工作中，要以大型的技术研究中心和国家重点实验室为依托，注重过程研究与工程研究紧密结合，并以优势学科及国家大学科技园为枢纽，打破校际界限，组织、协调相关院校学科优秀人才、科研资源，联合电力行业相关协会构建智力环境。

电力相关学科的研究方法和过程，既可以利用以上论述的经验方法、理论方法、系统科学方法的各种优势，又要充分体现电力学科的特色，在选题、研究方法、研究过程中，结合电力行业的特点，借助以重点实验室为技术研发主导力量的产学研合作体系，关注节能减排，关注生物质、风能、太阳能等新能源，组建产学研单位参加的实验室管理团队，联合一切相关力量和机构，构建大电力研究的环境。我国幅员辽阔，用电量需求大，但是地区发展不平衡现象又显著存在，电力相关学科的研究要立足这一基本国情，关注那些和人民生活息息相关的重要命题，力求从理论上引领这一行业的发展，从实践上取得不同程度的突破。电力相关学科的研究选题应该是非常灵活的，可以是理论研究，例如，《基于傅立叶变换红外光谱测试的符合绝缘子老化评估方法研究》；可以是应用型的，例如，《生物质气化燃气焦油及污染物整体脱除方法应用研究》；可以是对传统重点研究区域的进一步拓展，例如，《基于 MMC 的柔性直流输电控制保护策略以及损耗分析》，也可以是对新能源、新问题的关注，例如《电动汽车充放电实验平台的设计与测试》《不确定性优化方法在能源系统碳减排规划中的应用》等。

1.3 学位论文的基本构成

一般而言，学位论文在格式上要求比较严格。按照 GB7713 - 1987《科学技术报告、学位论文和学术论文的编写格式》的要求，规范的学位论文基本构成如下：前置部分，主要包括封面、版权页、中英文摘要和关键词、目录等；主体部分，主要包括引言、正文、结论、参考文献等；结尾部分，主要包括致谢、学位论文原创性声明，使用授权说明以及相关检索等。

1.3.1 前置部分

(1)封面

学位论文必须有纸质封面，主要包括：国内图书分类号；国际图书分类号(UDC)；学校代码；密级(公开还是保密)；论文题名(包括副题名)；作者姓名；导师姓名；专业及研究方向;完成时间;授予学位单位名称等。大部分高校的研究生院都会提供统一的模版,作者可以按照实际情况如实填写。电力行业研究的应用性强,许多论文常常和企业联合组建科研团队完成,因此,在封面上,许多论文的作者也会标出“企业导师”。企业导师一般都是在相关企业从事实践工作的工程师或者研究员,他们能够为电力行业的理论研究提供宝贵的实践指导。

近年来,许多论文还会在中文封面的下一页,提供英文版的封面,格式和内容类似中文封面。

(2)版权页

版权页是作者提供的版权声明,通常置于论文的第一页,体现了论文收藏单位对作者版权的尊重。

(3)摘要

摘要即内容提要,是对论文内容不加注释和评论的简短陈述。摘要的主要作用是用简洁、概括的词语描述正文的内容。通常,学位论文的摘要篇幅不宜过长,尽量通过较短的篇幅说明论文主体的目的、内容、方法、研究成果和结论,同时突出论文主体的创新之处。摘要通常不包括对原文的补充、解释或评论。(肖东发,李武, 2009)学位论文的中文摘要之后一般会列出英文摘要,其形式和内容与中文摘要类似,但是作者必须要注意英文摘要特殊的行文规范和特点。

在摘要的撰写过程中,必须明确四个要素,即目的、方法、结果和结论。(肖东发,李武, 2009)目的一般指出研究的对象以及目的,但不是对主题的简单重复;方法则指论文主体所采用的研究方法,包括所涉及的基础设备和设施;结果用于指出本研究中重要的发现和成果,包括通过调研、实验、观察等方法取得的数据和结果,并分析当前研究的局限性和不足之处;结论是对本研究的重要结论进行分析研究,预测其在实际生活中运用的意义和价值。

(4)关键词

关键词又称主题词, GB 7713 - 1987《科学技术报告、学位论文和学术论文的编写格式》将关键词定义为:关键词是为了文献标引工作,从报告、论文中选取出来用以表示全文主题内容信息的单词和术语。(GB 7713 - 1987《科学技术报告、学位论文和学术论文的编写格式》)

关键词大部分为具有实际意义的实词。广泛通用的学术词汇,例如“研究”“问题”“探索”等一般不作关键词。关键词一般在摘要后列出,学位论文的作者通常会选取 3—5 个关键词。中英文关键词应该一一对应,分别置于中英文摘要下方,用“;”隔开。设置关键词的基本功能是方便读者迅速检索到该论文的关键内容和要素。

(5)目录

通过编制目录,将论文各个章节的大小项目按先后次序列出,并标明页码,方便读者把握文章的主要内容,方便读者阅读或选读。一般来说,目录部分会列出一级标题和二级标题,有时候会列出三级标题。目录一般都设置有页码,确保读者方便查找特定章节和特定内容。电子目录一般会设置自动跳转功能,即点击相关目录标题,就可以直接跳转到文中的这一部分。

1.3.2 论文正文

论文正文是学位论文的核心,能够全面体现作者的具体思路、方法、结论以及研究的价值所在。

(1)绪论

绪论,也称引言,根据 GB 7713 - 1987《科学技术报告、学位论文和学术论文的编写格式》,学位论文的绪论主要目的在于简要说明研究工作的目的、范围、历史研究文献综述、研究的理论基础、设想、方法和实验设计、预期结果和意义等。在绪论中首先要明确研究的问题,进而阐明研究的目的和意义。

文献综述不能为了综述而综述,而是要有自己的观点和评价,尤其要结合论文主体的研究问题进行梳理和分析。论文作者应该通读所搜集的所有文献资料,并用不同的标准对它们进行归纳总结,从而找到自己研究的创新点和突破点。

(2)论文正文

正文是学位论文的主体,集中了大量的观点和材料,是全文结构的重中之重。电力相关学科学位论文正文一般包括研究方法、研究过程、实验结果,并通过图示、图表、数据等展示研究成果。

(3)结论

结论是论文主体的最后一部分,主要功能是在理论分析或试验结果的基础上,经过逻辑推理而得出论文主体的最终研究结论。结论是对正文部分主要观点的科学概括,而不是正文各段意思的简单叠加。结论应该准确、完整、精炼。一般来说,在结论部分,作者会论证有哪些研究结果,会对结果进行论证分析,并对论证的问题进行综合概括。许多作者还在结论部分指出本研究的局限性有哪些、下一步研究的方向和设想是什么。

(4)参考文献

参考文献是指为了撰写或者编辑论著而引用或参考的相关文献资料,通常附在论文、图书或章节之后,有时也以注释(附注或者脚注)形式出现在学位论文正文中。(肖东发,李武, 2009)

参考文献是评价选题报告质量高低的关键因素。读者可以借助参考文献了解本项研究是在哪些研究者的基础上开展的，继承了哪些研究方法，采用了哪些研究思路。读者还可以根据参考文献信息来查找自己感兴趣的原文来进行相关阅读。论文的评审专家还会根据作者所列出的参考文献，去考察该作者是否了解该研究问题的主流方向和方法，是否掌握了该问题研究的最新动态。

参考文献的编写非常琐碎、复杂，不同的学科常常有不同的参考文献编制标准。目前，国际常用的参考文献编写标准包括温哥华体例(Vancouver Style)、牛津体例(Oxford Style)、美国现代语言协会体例(Modern Language Association，简称 MLA)、美国心理协会体例(American Psychological Association，简称 APA)、芝加哥格式(Chicago Style)等。

在国内，2005 年，国家质量监督检验检疫总局、中国国家标准化管理委员会发布了编号为 GB／T7714－2005 的《文后参考文献著录规则》，专门供著者编辑和编纂文后参考文献时使用。

1.3.3　结尾

结尾一般包括附录和致谢两部分。

附录是作为主体的补充项目，并不是必须有的。在论文撰写过程中，作者发现有些材料若编入正文会有损于编排的条理性和逻辑性，如果不编入正文则影响论文论证的严密性及内容的完整性，因此，可以选择将此类的材料编入附录。根据GB 7713-1987《科学技术报告、学位论文和学术论文的编写格式》的规定，下列材料适合编入附录：篇幅过大或取材于复制品或不便于编入正文的材料；不便编入正文的珍贵历史资料；对一般读者没有太大价值，但对本专业同行有参考价值的资料；重要的原始数据、框图、结构图、注释、统计表、计算机打印输出件等。

致谢是对科研院校等组织或论文导师等个人表述谢意的文字说明。致谢部分一般会列出所有对本研究或论文做出贡献的单位、组织、企业和个人的名称，也会列出给予资料、图片、文献转载和引用权的组织和个人的名称，以示感谢，同时也让读者能够了解许多有用的信息。通常情况下，学术论文的致谢放置在正文后或参考文献前或论文首页的脚注中，采用不同于正文的字体以示区别。一般来说，论文中的致谢部分必须征得被致谢者的同意，以避免出现致谢内容和实际情况不符的情况发生。

第 2 章　选题与选题报告的撰写

论文选题是学位论文的第一步，也是最为重要的一步。好的开始是成功的一半，论文选题成功与否，在很大程度上决定了论文撰写的质量高低，甚至直接决定了论文答辩是否能够顺利通过。学位论文的选题通常受作者的专业和研究方向的制约。毫无疑问，大部分作者都会考虑去选择那些本专业、本学科内具备学术研究价值，同时又切合自己科研兴趣的题目。

2.1　选题的意义和方法

选题成功与否，对于学位论文的写作有着至关重要的作用。并且，顺利完成学位论文的选题也是有方法可依，有规律可循的。

2.1.1　选题的重要意义

所谓选题，是指选择学位论文的论题的过程，即在写论文前，选择确定所要研究论证的问题。要实现成功选题，首先作者需要区分课题、论题、题目这三个紧密联系的概念。课题通常是指某一学科内有价值的科研项目，内涵比论题要大，侧重一个或者多个关键问题的研究和突破，其研究成果可能会包括多篇论文、著作、教材、发明专利等。题目指论文的具体标题，内涵比论题要小。例如，作者选定的论题是"高压直流三极输电换流器保护"，可以设计很多具体题目来写论文。合适的选题，对成功撰写毕业论文具有重要意义。选题能否成功通过，是作者学术态度和学术水平的第一反映。

(1)选题的意义和作用

好的选题是走向成功的第一步。选题不仅仅是设计具体题目，或者简单规定本项研究的范围。选择毕业论文题目的过程，是逐步形成自己研究方向、确定研究方法的过程。好的题目离不开作者积极思考、对比研究、反复论证和精心准备。一旦确定了论文的论题，就意味着作者脑子里已经形成了大概的方向和框架，确定了大致研究的内容。论文的选题应该有一定的理论和实践意义,从而保证该项研究的价值。没有理论和实践意义的题目,即使拥有最漂亮和华丽的语言,也不会有什么积极的效果和作用。

成功的选题,必然要求作者进行创新和创造,在前人研究的基础上进行开拓和探索,或是提出自己独到的见解,或是对前人研究进行深化,或是驳斥前人观点中不准确之处,总之,作者必须要留出一个大小合适的研究空间。这个大小合适的研究空间,是建立在广泛阅读、搜集、分析、研究历史文献的基础上的。在研究历史文献资料的过程中,伴随着材料的增多,思维的深入,作者会产生各种各样新的想法和思路。对这些分散、琐碎的想法和思路,必须有一个选择和甄别的过程。对作者来说,选择和甄别的过程非常复杂、辛苦,会经历多次"山重水复疑无路"的困顿。正是在反反复复的分析与综合、归纳与演绎过程中,作者才会逐渐在头脑中形成越来越明晰的认识,从而逐步确定自己论文的着眼点、论证的角度以及大体的规模。

成功的选题,还能够弥补作者专业知识储备的不足,让作者有针对性地查漏补缺,获取更多的知识,保证论文的质量。许多研究生都面临知识储备不够完备、理论基础不够扎实的问题,如果能够立足自己的研究选题,直接切入研究过程,根据自己研究需要来补充、搜集有关的资料,有针对性地弥补知识储备的不足,就能够通过选题的过程,促进新知识的学习,拓宽知识面,加深对问题的理解。

(2)成功选题的过程

如果毕业论文的论题过大过偏,作者很难完成写作任务;如果题目过小过窄,则无法预留足够的空间,无法有效展现作者的科研能力。因此,论文的论题必须要大小合适,既能保证研究工作的顺利开展,又能实实在在提高研究能力。通过对选题的综合研究,将琐碎、分散的知识进行系统化整理,通过对研究论题历史和现状的研究,找出前人研究的症结所在,找到问题解决的突破点和关键路线,力图有所创新。

选题是研究工作的第一步。选题之前,需要对所选择论题所在的专业和学科进行深入研究,需要学会搜集、整理、查阅文献资料,熟悉最基本的科研方法。在选题逐步确立的过程中,要对已有的专业知识进行反复思考,并尝试从新的角度去深化对已有问题的认识,从而使作者的逻辑思维能力、批判思维能力和科研创新能力得到完善和提高。

大部分学位论文的选题是在导师的指导下进行的。如果完全依赖导师给出题目,缺乏积极主动思考,对所选命题缺乏研究兴趣和动力,那就难言论文的质量和科研创新。还有的研究生对题目缺乏研究分析,不假思索,拿到题目就写,这种做法也是相当有害的。是否积极参与论文选题,是否发挥高度的主观能动性,在很大程度上预示了作者的研究是否能够成功。如果没有严格选题这一重要的过程,作者对文章的观点、论据、论证方法就会“心中无数”,就会导致材料准备严重不足。在这样的情况下勉强写下去,一定会遭遇重重困难,甚至会一筹莫展,最后推倒重来。

2.1.2 选题的基本方法

研究生学位论文选题包括如下步骤:确定大体方向——文献研究或实地考察——提出选题——初步论证——评议和确定选题。选题方向确定以后,最后题目的具体确定,是通过调查研究论证来实现的。在这个过程中,掌握科学的选题方法十分必要。

(1)文献资料发掘法

文献资料发掘法就是在有了大致研究方向以后,通过搜集和阅读该方向的文献资料,在比较中来确定题目的方法。

搜集和阅读文献资料是搜集和阅读阶段性相互递进的文献的过程。资料搜集到一定数量时,需集中一段时间进行浏览性阅读,了解自己选择的研究方向上学术界已经讨论和正在讨论什么问题,找出其关键词。首先确定哪些问题研究的可能性比较大,然后循着问题的关键词继续查找相对集中、专业的资料。如此搜寻和阅览相互推进,反复进行,不断走向专门化。要注意的是,越向专门化走,越要精细地阅读。只有通过精细化的阅读,才能发现问题,形成自己研究的突破口。精细阅读就意味着要全面了解不同角度、不同观点的材料。不能只阅读一小部分文献而沾沾自喜,只见树木,不见森林,更不能用主观的想法代替冷静思考和全面分析,一叶障目,不见泰山。

运用文献资料发掘法,一般可按以下步骤进行:首先,广泛浏览历史文献,亲做笔录。要做到时刻记录、时刻思考、不断补充和更新。在记录的过程中,一定要加上具体的作者、论据、论证方法、资料来源,页码等关键信息,并记下自己对该问题的看法和体会,捕捉灵感的火花,促进研究的创新和突破。其次,要及时梳理所整理的文献资料,按照不同的标准进行归类总结,例如,哪些资料是针对论文主题国外研究热点;哪些资料是针对论文主题国内研究热点;哪些资料是关于论文主题某一侧面的具体研究;哪些资料揭示了论文主题研究的最新成果和最新趋势,等等。再次,要对所记录和分类总结的材料进行系统分析,将自己的研究设想和前人的研究成果进行对比,了解哪些研究已经得到了充分的挖掘;哪些研究还存在较大的挖掘空间;该从哪个方面、哪个角度进行科研的创新和突破;自己的研究该采取怎样的技术路线,拟解决怎样的关键问题等。在这种深入思考的过程中,选题的目标就会渐渐明确起来。

(2)拟想求证法

拟想求证法,是指作者先大致拟想出一个题目,然后再通过阅读资料等方法加以验证并确定选题的方法。拟想求证法的前提是作者必须先有一定的想法。这个想法来自作者平素的知识积累和实践操作,作者的心里已经大致拟定了研究的方向或选题范围。在作者对自己的专业知识和研究已经具备了一定的积累,对科研工作已经形成了初步认识的情况下,可以尝试拟想求证法。

运用这一方法时,作者一定要反复考察自己所拟想的论题:自己的拟想是否科学,是否预留了合理的研究空间;这个想法会不会太过“石破天惊”,缺乏现实的支持和依据;这个想法会不会毫无创新,只是对前人研究的简单重复;是否有足够的时间来完成这个拟想论题,等等。

(3)多维交叉法

把选题放在一个多维思考过程中交叉的方法。除了研究对象、研究问题、研究方法外,还有研究的时间跨度和研究所采用的理论等重要的维度。主要的维度有:

第一维度——空间维度。空间维度首先是对研究对象的确定。研究对象是我们研究的客体,或者说是标的物。我们研究的客体是世界,还是中国,抑或是江苏、南京;是政府还是企业;是泛指还是特指。研究生学位论文空间维度不宜太泛,应该尽可能是个别化的对象。

第二维度——时间维度。任何事物都是发展变化的,我们对客观事物发展变化的数据取值的跨度,就是时间维度。一般来说,选择的时间跨度越大,需要的资料数据就越多,论文做起来就越难。

第三维度——问题维度。问题维度也是研究的范围维度。根据复杂程度,我们可以把问题大致分为:研究领域——综合性问题、研究课题——复杂性问题、研究项目——相对简单问题。选题的过程是一个需要将复杂问题简单化的过程。相对简单是指最后确定为论文研究的问题。最后确定为论文研究需要回答的问题常常还不止一个,如有可能是什么、为什么、怎么来的、怎么做等若干问题,所以只能说是相对简单。确定研究范围其实就是对问题的核心概念进行清楚地定义,以及对影响核心概念(通常被当作因变量)变化的变量进行清楚地定义。

第四维度——理论维度。理论是概念、原理的概括和总结,是对客观事物本质和规律的认识。每个学科都有自己的理论,同一对象可以成为不同学科的共同研究对象,但理论视角不同,从而形成了学科之间的区别。在同一学科领域,还有不同的理论流派,不同的假说。因此,选题的时候就要弄清楚对自己所研究的问题准备采取什么理论作为基础。理论有一般性的理论,有直接性的理论,我们更需要把握的是与我们研究的问题直接相关的理论。对于硕士研究生来说,一般应选择相对成熟的理论作指导。

第五维度——方法维度。与理论不同,方法是指人类为达到特定目的而进行的实践活动和理论活动的方式。简言之,方法就是问题的门路、步骤、程序等。科研方法范围广泛,形式多样,既有普遍性的、根本性的方法,例如系统设计法,适用于各个领域;又有具体的、个别的方法,例如,搜集资料可以利用实验、抽样、问卷调查、访谈、实地调查和文献检索等方法;进行资料分析可以应用比较研究、逻辑分析、案例研究、统计分析等方法。每个方法又可以划分为更加具体的方法,例如统计分析方法可以分为对比分析法、平均和变异分析法、综合评价分析法、结构分析法、平衡分析法、动态分析法、因素分析法、相关分析法,等等。

论文最后的选题应该是以所要研究的问题(表现为论文的第一关键词)为纲,以其他维度与之交叉确定出来的。虽然所有这些维度不一定在选题的表述上全部反映出来,但是通过选题的聚焦,研究架构和研究的设计方案也有了坚实的基础。

2.1.3 选题的关键

要实现成功选择论题,必须注意把握以下五个关键方面:选题不能超出本专业研究方向的范围;选题要有价值、新颖,意在提出自己的新观点、新想法;论文选题范围要适度,切忌“过小”或者“过大”;选题必须切实可行,有现实的资料和条件支持;选题必须明确,有针对性,切忌含糊不清,一题多解。

以论文《大型火电机组引风机运行动特性分析》为例,该论文是对大型火力发电机组辅机在不同工况下的动特性的研究。大型火电机组辅机类型繁多,主要包括风机、给水泵、上煤系统、水处理系统等。各类辅机在工作状态下所表现出的动特性各不相同,不能一概而论。因此如果将题目选定为《火电机组辅机系统的动特性研究》,就属于选题过大的情况,若将问题细化为《某电厂某辅机结构的动特性研究》时,又会犯了选题过小的错误。原因在于,个别辅机的动特性研究不具有代表性,论文研究理论结果也不能应用于其他设备,对其他设备的状态监测与故障诊断没有借鉴意义。从选题的时效性方面来看,装机容量在100MW以下的火电机组已多数不参与并网发电,小型火电机组辅机的动特性研究不具有时效性,没有研究的意义和价值。根据上述考虑,《大型火电机组引风机运行动特性分析》这个论题就比较合适。

近年来,我国环境恶化严重,生态面临严重危机,如何在电力科研的角度缓解和治理日益严重的生态危机,是值得研究者关注的课题。因此,研究者可以借助实验室和研究团队,立足翔实的数据和科学的实验,开展清洁能源、生物质、智能电网等各热门问题的研究。以智能电网为例,未来研究的重点应该放在智能发电、智能输变电、智能配网和智能用电四个方面。其中,在智能发电方面,要加快研究结合互联网、大数据智能技术,加快发展智能风电、智能光伏发电,提高发电出力预测的及时性和准确性;在智能输变电方面,要采取交互、特高压、柔性、大型起落多端直流等智能技术,适应大型电源特别是集中式可再生能源发电的灵活连接和大规模、远距离、高负荷率输送和分配;在智能配网方面,要加快研究采用智能配网技术,适应和促进包括风电、太阳能发电、微网、家庭能源系统、电动汽车、新型储能设备等在内的分布式发电,实现“即插即用”;在智能用电方面,要加快研究如何使用和满足用户知情权、参与权和选择权的需求目标,适应和满足用户个性化需求,建立智能家庭能源系统、智能楼宇、智能社区等。因此,综合科学研究的一般性方法和电力相关学科研究的特定需求,以下硕士论文可以作为电力相关学科研究的很好借鉴:《计及风电预测不确定性的电力系统日内调度模型研究》《中国生物质发电产业发展动力机制和激励相容性研究》《大型风电场接入对区域电网暂态电压稳定影响的研究》《离心风机仿真叶片的设计及流动特性研究》《生物质气化燃气焦油及污染物整体脱除方法应用研究》《电动汽车充放电实验平台的设计与测试》《不确定性优化方法在能源系统碳减排规划中的应用》。

2.1.4　选题准备

一般来说,在作者进行选题的时候,首先要大概确定自己想要研究的方向和领域,然后结合文献研究、设题求证和多维交叉等多种方法,在思考、阅读、求证、反复修改的基础上,逐步形成自己的选题。在选题准备阶段,读者需要熟悉以下工具和资源。

(1)学校图书馆

学校图书馆是读者了解研究动态和趋势最为便捷和可靠的地方。大部分高校图书馆都提供海量的馆藏图书,包括各种学术著作、期刊、学位论文和报刊摘录,也包括目前应用非常广泛的数字资源。(于志刚,37—38)

(2)网络搜索引擎

网络搜索引擎也是非常有力的研究工具,能够提供大量有用的资源。目前较为流行的网络搜索工具有谷歌(Google),维基百科(Wikipedia)等。维基百科是一部基于维基技术、用不同语言写成的网络百科全书,旨在为全人类提供真正自由的百科全书——建立一个动态的、可自由访问(在绝大多数国家)和编辑的全球知识体。维基百科在许多国家非常普及,其中的文本和其他内容都是在GNU自由文档许可证下发布的,以确保内容的自由度和开放度。所有人在这里书写和编辑的文章都遵循非营利版权协议,所有内容都可以自由地编辑和复制,真正实现了全民共享信息资源。

(3)电子文献资源

电子文献资源一般在各大高校图书馆的网页上列出来,由学校统一购买使用权,给学生和教师免费使用,主要类型包括电子期刊、电子图书、电子学位论文、电子会议论文、文摘型数据库、专业性数据库、视频点播、报纸文摘、专利数据库等。

目前影响力最大的英文科研数据库有SCI,SSCI,INSPEC(Information Service in Physics,Electro - Technology,Computer and Control),CPCI(Conference Proceedings Citation Index),Elsevier, ASME(American Society of Mechanical Engineers),IEEE/IET等。最为著名的是美国《科学引文索引》(SCI、SSCI),全称(Social)Science Citation

Index,是由美国科学情报研究所(ISI)编辑出版的世界著名的期刊文献检索工具。1961年创刊,现为双月刊。1988年SCI出版光盘,每月更新。SCI收录世界各个国家和地区的重要科技期刊和正式出版的专著、会议论文、书评等,涵盖数、理、化、农、林、医、地、生、工程技术和环境等自然科学的各个学科,其中以生命科学及医学、化学、物理所占比例最大,全面覆盖了全世界最重要和最有影响力的学术研究成果。SCI偏重于对基础学科研究的检索和报道,工程技术及应用科学方面的文献报道相对来说数量较少。在电力科研领域,影响力最大的数据库为IEEE/IET全文数据库。它是美国电气电子工程师学会(IEEE)和英国工程技术学会(IET)出版物的电子版全文数据库。IEEE出版物是电气和电子工程领域最重要的文献资料之一,约占该领域核心文献的30%,是电力行业学位论文撰写权威的参考文献来源。该数据库内容包括1988年以来IEEE/IET出版的所有期刊、会议记录和全文信息、部分期刊复印本以及IEEE/IET的相关学术活动信息。该数据库功能非常强大,能够为用户提供浏览、下载以及全文、图标、图像和照片打印服务。

我国影响力最大的中文数据库包括中国优秀博硕士论文全文数据库(CDMD)、中国学术期刊全文数据库(CNKI)、万方数据资源系统、超星数字图书馆、维普数据资源系统等。中国优秀博硕士论文全文数据库(CDMD)是我国目前资源最完备、收录质量最高的博硕士论文全文数据库,它覆盖面广,数据量大,网上数据每日更新。

(4)文献传递和馆际互借资源

目前北京、上海、广州等发达地区各大高校的图书馆都开设了文献传递服务和馆际互借功能,主要有:

①NSTL文献传递服务。这个服务由国家科技图书文献中心(NSTL)提供,通过丰富的外刊资源和网络文献信息服务渠道,为读者提供外文期刊文献传递和代查代借服务。研究者可以事先查询本校馆藏目录,如果本校没有,再登录国家科技图书文献中心(NSTL)网站(http://www.nstl.gov.cn)查找,确定NSTL有馆藏后,即可到图书馆办理文献传递服务。若是NSTL没有收藏的文献则可通过图书馆委托NSTL进行代查代借以获得文献。一般来说,这个服务项目需要收费。

②BALIS原文传递服务。BALIS即北京地区高校图书馆文献资源保障体系,它借助北京地区高校图书馆丰富的馆藏文献资源和便捷的网络沟通环境,为北京地区高校提供馆际互借、原文传递等服务。使用BALIS文献传递服务,需先注册成为BALIS原文传递用户,然后到各自所在的学校图书馆进行确认。

③CALIS原文传递服务。中国高等教育文献保障体系(China Academic Library & Information System,简称CALIS),是国务院批准、我国高等教育总体规划的三大公共服务体系之一,目前已有1000多家成员图书馆。(肖东发,李武,2009)为了更好地给

读者提供服务,2013 年 BALIS 与 CALIS 进行了系统融合,融合以后读者提交申请更方便,资源范围更广,涵盖北京高校图书馆、全国高校图书馆、国家图书馆、上海图书馆、国家科技图书文献中心的文献。用户可以访问 CALIS 北京市文献服务中心:(http://www.bj.calis.edu.cn:8090),点击页面"读者登陆",进行注册和登录,登录成功后进入"我的文献传递",补充注册信息,选择个人账户,申请所需要的文献。BALIS 和 CALIS 的服务一般是需要收费的,有时候,为了推广该项服务,这两个系统会推出免费的服务。

④CASHL 原文传递服务。中国高校人文社会科学文献中心(China Academic Social Sciences and Humanities Library,简称 CASHL)是在教育部的统一领导下,严格遵循"共建、共知、共享"的原则,按照"整体建设、分布服务"的方针,为高校哲学社会科学教学和研究提供服务的文献保障体系。CASHL 自 2004 年 3 月 15 日起正式启动并为读者提供服务。目前,CASHL 收藏有近 2 万种国外人文社会科学领域的核心期刊和重要期刊,1956 种电子期刊以及 35 万种电子图书,112 万种外文图书,并囊括了"高校人文社科外文期刊目次库"和"高校人文社科外文图书联合目录"等数据库,同时提供数据库检索和浏览、书刊馆际互借与原文传递、相关信息咨询等服务。近年来,在 CASHL"人文社科外刊目次库"和"高校人文社科外文图书联合目录"检索到且通过 CASHL 文献传递系统提交的全文申请,均可得到全额补贴,读者可以免费获得文献。

2.1.5 题目设计

题目,是以恰当、简明的词语反映论文中最重要的特定内容的逻辑组合。题目一般只标明论文的研究对象,而不表达出研究结论或者作者的观点。(于志刚,2013)题目的设计一般要符合以下要求:

(1)题目要新颖

题目是学位论文留给读者的第一印象,好的开始是成功的一半,因此,题目的设计至关重要。题目一般要体现以下关键内容:研究对象是什么;研究角度是什么;研究范围有多大。题目中最好还能体现作者的切入点是什么。好的题目还能让读者产生强烈的兴趣而对论文高度关注。千篇一律、毫无新意的题目不可能给读者和答辩委员会成员以及论文评审专家好的第一印象。

(2)题目要规范

每个领域的研究都具备自己特定的特征,因此,题目中必须呈现这一特色,符合这一领域既定的规范。例如,在电力研究领域,有对"策略"的研究、"性质"的分析、"特征"的研究,等等。电力行业的研究常常是立足于某项方法,因此,许多题目中都采用"基于……的研究"这一范式。

(3)题目与内容相符

要求题目能够涵盖论文的全部内容。假设题目是关于某种轴流风机的研究(例如,两级动叶可调轴流风机研究),但是,论文的内容只牵涉到该种轴流风机的一个方面或一个部分(例如内流特征或气动性能),或者论文内容超出题目的范围(例如发电机性能研究),都是内容与题目不符。当然,作者并不需要详细论述该种类型轴流风机的所有性能和全部特征,而是要求题目应涵盖作者所关注的特定特征和内容(例如,两级动叶可调轴流风机内流特征与气动性能研究),做到翔实具体,大小适当。例如,《基于节能潜力的区域能源规划模型研究及应用》《两级动叶可调轴流风机内流特征与气动性能研究》《单壁碳纳米管分子结导热特性研究》《多能源辅助燃煤发电系统热经济性分析》《太阳能辅助燃煤发电集成方法及热力系统算法研究》《减少D-STATCOM补偿延时的策略研究》《电力系统扩展黑启动方案优化决策的研究》《电力系统强迫功率振荡特性及应用研究》。

2.2 选题报告

选题报告对保证论文质量非常重要,选题报告涉及了选题背景、文献综述、研究方法、论文提纲及参考文献。选题报告要突出主题,聚焦经典,目标合理。

2.2.1 选题报告的重要性和意义

选题报告是研究生学位论文工作的重要环节,也是研究生培养和管理过程中不可或缺的一个环节。从形式上看,选题报告会是为了阐述、审核和确定学位论文题目而举行的报告会。选题报告是对学位论文准备和撰写工作的阶段性考察,是中期检查工作的重要组成部分。从研究生培养和管理的角度来看,选题报告是对学位论文质量进行管理和监控的重要环节,是监督和保证研究生学位论文质量的必备措施。从学生的角度来看,选题报告实质上是学生向导师和专家组汇报学位论文准备情况的报告,以便专家组成员对自己研究思路给予评价和建议,帮助自己进一步明确研究目标,理清研究思路。通过选题报告,学生能够了解自己论文准备中存在哪些不足,以及该怎样从老师那里获得更多的帮助。选题报告能否顺利通过,在很大程度上反映了作者前期的准备工作是否扎实,作者的选题是否科学合理,以及作者所选题目是否有较高的研究价值。在选题报告会上,参与的导师和专家组会对学生的选题提出建议和质疑,甚至会让学生推倒重来,重新选题。从研究生个人来看,一定要高度重视选题报告,精心准备,积极筹划,争取在选题报告环节,清楚阐述自己的观点和思路,同时虚心接受与会专家和导师们的建议,从而避免自己的研究走上“弯路”甚至“绝路”。

选题报告在论文写作中具有重要意义。首先,选题报告能够促进研究生积极开展科研准备工作。大部分的选题报告都要求学生进行文献综述,列出论文提纲。要做好这些工作,研究生必须要查阅大量相关资料和文献,或者进行实地了解和调查,深入了解论文主题研究的历史、现状,当前有哪些理论和实验研究的条件和手段,然后把这些前期准备的情况和积极探索思考的结果写入到自己的选题报告,并通过选题报告会,广泛搜集导师和专家组的意见,让准备工作更加完善。其次,选题报告的过程也是研究生论文质量的重要保证。在选题报告会上,研究生要宣读自己的选题报告,并回答来自导师和专家组的提问。导师和专家组成员会对研究生的选题报告进行严格审核,对于那些选题合适、方法得当的选题,批准其顺利开题;对于那些存在问题、需要做补充和修改的选题报告,则提出建设性意见和建议,坚决要求其修改;对于问题特别严重的选题,则不予通过,令学生重新选题,准备下次选题报告。从这个角度来看,选题报告在保证论文质量的过程中起到了至关重要的作用。

2.2.2　选题报告的内容

选题报告是学生向导师和专家组成员汇报自己论文的准备情况的报告,一般包括书面报告和现场报告两个环节。第一个环节是撰写书面开题报告,一般要求研究生在系统文献查阅、现场考察和初步实验研究的基础上,写出5000字左右的书面开题报告。一般来说,书面选题报告主要包括以下内容。

(1)选题背景

论文选题的重要性毋庸置疑,选题成功与否关系到整个研究是否能够顺利进行,甚至关系到最终的论文答辩是否能够通过。因此,在这一部分,作者一定要回答清楚:为什么选这样的一个论题;选择这个论题具有怎样的理论和现实意义;本项研究具有怎样的目的;本项研究在整个相关理论体系的研究中占怎样的地位。

(2)文献综述

文献综述部分需要作者系统综述论文主题的国内外相关研究成果,重点突出那些有价值的研究成果,同时需要指出已有的研究存在哪些不足,并探索对该问题研究的新思路、新方法。许多学校都规定了文献阅读的最低数量(例如,不少于50篇,其中外文文献占40%以上)。必须要注意的是,所综述的文献应该紧紧围绕所研究的问题,切忌将无关紧要的文献牵扯进来滥竽充数。文献综述的核心内容是搜集和归纳材料,包括对该课题研究历史的划分、主要学术观点的分类、主要研究方法的总结、对有代表性的观点和成果进行评价等。但是,我们的工作不是为综述而综述,文献综述的核心目的是要在梳理前人研究成果的过程中去发现存在的问题和不足,从而去挖掘新的研究方法和研究方向。成功的文献综述能够帮助作者很快熟悉相关研究领域,理清思路,逐渐确定自己的学术定位,快速进入课题研究和论文写作。

(3)研究方法

这一部分主要聚焦作者将要采取怎样的研究方法,包括总体的研究方法、具体的研究角度以及初步的思路。研究方法可以是一个或者多个,可以写得具体一些,比如问卷调查的方法、实验研究的方法、数学建模的方法、基于设计的研究方法,等等。这部分文字必须简明扼要,因为只是初步的构思,可能会在后期进行修改或增补。这一部分,作者一般还要写出拟实现的创新之处。拟实现的创新之处是全文的重中之重,作者需要具体、翔实地写出自己拟创新的要点,重点阐述自己的思路与现有的研究有什么不同,自己的思路进步和先进在什么地方。否则就不能说是“创新”。许多作者还会列出拟采用的关键技术、相关的实施方案、研究中可能遇到的难点、解决的方法和措施等。

(4)论文提纲

论文提纲也是书面开题报告中非常重要的部分,它展示的是作者对所选择论题的具体研究思路和研究框架,是开题报告中落到实处的内容。论文大纲的撰写一般按照如下步骤进行:拟定好标题;列出主要观点;列出布局安排,即论文的总体框架;将支撑材料细化到相关部分;检查和修改。

许多论文提纲都要求列出三级标题,即包括章、节、目。要注意前后章节要有一定的逻辑性;一般的知识性介绍不能大篇幅地写进论文提纲中。

(5)参考文献

参考文献是评价选题报告质量高低的关键因素。读者可以借助参考文献了解本项研究是在哪些研究者的基础上开展的,继承了哪些研究方法,采用了哪些研究思路。读者还可以根据参考文献信息来查找自己感兴趣的原文来进行相关阅读。开题报告的评审专家还会根据作者所列出的参考文献,去考察该作者是否了解该研究问题的主流方向和方法,是否掌握了该问题研究的最新动态。一般来说,作者至少需要列出 20 到 30 篇所查阅的参考文献信息。

书面报告完成以后,必须提交导师进行审阅、修改,然后进入第二个环节,即现场开题报告环节。在现场报告中,一般由院系或者教研室组成 5 人以上的专家评议小组,有的学校也可以聘请 1—2 位具备高级职称的企业专家参与,并邀请尽可能多的学生听众参与,发挥学术民主,共同为开题报告的质量把关。在报告会上,研究生应该详细介绍论文主体的选题、研究内容、研究方法与拟实现的创新之处,耐心回答专家组和听众对于论文主体的各种问题和质疑,虚心接受在场专家的指导和建议。

2.2.3 选题报告的关键要素

成功的选题报告能够给评审专家和听众留下好的第一印象,让选题顺利通过初审。开题报告的撰写,必须要注意以下关键要素。

(1)主题突出,层次分明

作者选题时,可以选择那些与自己实际工作或科研工作相关的、较为熟悉的问题,或者是与自己从事的专业关系密切的关键性问题,或者选择能够反映本学科的新理论、新技术或新动向的题目。在撰写选题报告时,作者一定要注意主题突出。在提出问题时,要以规范的术语来表达,同时注意逻辑清楚。其次,一定要注意层次分明,注意内在的概念的表达、逻辑的关系和研究的框架。研究生学位论文篇幅较长,不像诗歌、散文或札记,用短短的篇幅来叙事或者表达情感,而是需要用大量的资料、复杂的层次、严密的推理来展开论述,从各个方面来阐述理由,论证自己的观点。因此,在撰写开题报告的时候,一定要做到主题突出、层次分明、逻辑严密,从而帮助评审专家和听众更加清晰地了解自己的研究主题、研究思路和研究方法,保证选题报告的顺利通过。

(2)聚焦经典,主次分明

作者在准备选题报告时,需要阅读大量的文献资料。阅读的文献越多,研究的基础就越扎实。在文献阅读的选择上,要注意尽量选择该领域有影响力的核心期刊和经典书籍,注意所选文献的可靠性、科学性和前沿性,尽量选择近期的、时效性强的文献,同时也不能忽视早期的、有特别重要影响力的经典文献。总之,既要提高阅读文献的数量,又要注意文献的质量。遇到特别关键的参考文献,一定要查到原文进行补充阅读。同时,要坚持做读书卡片和读书笔记。整理资料时,要按照所提出的问题来组织文献资料,按照一定的思路提炼出新的想法,而不是按照时间的顺序将读过的文献材料简单罗列出来。

(3)目标合理,难度适中

一般论文选题报告都会列出较为明确的研究目标。在选题报告中,研究目标的描述不宜太死板,这是因为,在特定的研究条件下,作者一开始很难确定研究目标是偏高还是偏低。目标的完成情况会牵涉到具体的求知因素、实验室条件和研究工作开展时候的具体条件。因此,在选题报告的撰写中,比较明智的做法是制定难度合理的研究目标,难度不宜过大,也不能没有任何挑战性。

一般来说,学校的研究生院会对选题报告的格式做统一规定,设计专门的论文选题报告评审表供学生使用。在选题报告会上,学校通常会聘请3—5位相关学科的专家,有时候也会聘请1—2位企业的专家,组成专家评审团,对选题报告进行评议。论文选题报告的成绩考核一般分为合格、不合格两种评价。评审小组成员给出具体评审意见,并最后签名。许多学校还要求打出百分制的具体分数。若论文选题报告成绩不合格,该项课题研究必须停止,按照要求进行大规模修改,或者重新选题。

第 3 章　文献综述的撰写

文献综述是学位论文写作中不可或缺的一部分，是研究论文的主要支柱，也是学位论文写作之前的重要准备工作。本章将从如何寻找文献入手，总结文献的类型和文献检索的方法，并举例说明如何阅读和处理文献。文献综述的作用一方面是通过学生直接查阅有关研究文献内容，帮助其了解所选题目过去已经有哪些研究发现，还有哪些研究有待进一步挖掘，另一方面也是为了尊重并保障他人研究成果和知识产权。基于此，本章还分析了文献综述的写作方法、内容、格式、注意事项及文献标注的方法。

3.1　文献的查找

文献是论文写作的基础材料，也是研究的根基。它可以反映研究人员的专业基础和研究能力。没有文献就像是空中楼阁，尊重文献就是对前人研究成果的尊重。因此，文献在撰写学位论文过程中具有重要的作用。

3.1.1　文献的类型

什么是文献，简单来说就是我们写论文过程中需要参考的材料。它形式众多，可以是文字材料，也可以是符号、图像或音频材料，或是几种材料形式的综合体。文献按照不同划分标准可以分为以下类型。

(1)按等级划分

不同的文献可传递不同的信息，其中所包含的知识的质量也不同，不同的文献也有不同的加工层次。基于上述特点，可以把文献分为零次文献、一次文献、二次文献和三次文献。

①零次文献。这是一种特殊的文献，作为最原始的情报信息源，主要包括以下两种形式：第一，形成一次文献之前的信息材料，如口头交谈；第二，未公之于众的所有原始材料，如个人的手稿、笔记、书信等，也包括一些没有公开出版发行的报刊、杂志

和内参材料。

②一次文献。作为原始文献，是人们在自己的科研和社会活动等实践中直接产出的文献。由于来源于实践经验，这种文献的内容都较为具体。此类型文献在所有文献中占的比例最大，种类最多，被引用次数也最广，影响也最大。它也因为所具有的实用性、创新性和学术性而被广泛引用，如期刊论文、学位论文、会议论文、会议记要、科研报告、专利等都属于此类型的文献。

③二次文献。由于一次文献量多且无序，需要对其进行归纳整理和提炼，并按要求加以排序，最后存储起来，这一过程所形成的文献称为二次文献。目的是使文献更系统化，便于检索。主要类型有目录、索引、题录、文摘、简介等。二次文献也因为其具有明显的汇集性、系统性和可检索性而受到读者的欢迎。

④三次文献。对大量收集好的相关文献进行综合、分析和评价，并编写出来，这一过程形成的文献称为三次文献。它通常是按照某个专题进行分类和整理，对二次文献的内容进行深加工。主要有综述、评论、进展报告、动态分析等形式。从三次文献中可以宏观把握某一资料的总体情况，具有较高的实用价值。

(2)按文献信息源划分

①专业图书。其特点是内容成熟，资料系统完整。

②科技期刊。有固定的名称和版式，有连续的出版序号，由专门的编辑机构出版。其特点是出版周期短、数量大、内容丰富新颖。

③专利文献。因其数量大、报道快、学科领域广、内容新、具有实用性和可靠性而被使用的频率日益提高，科技情报价值也越来越大。

④科技报告。科技报告人都单独装订成册，所报道的成果一般要经过相关部门审定。其特点是内容专业、可靠、详细，也不受篇幅限制，报告迅速，但文献获取较难。

⑤学位论文。学位论文是高校毕业生为取得相应本科、硕士、博士学位而撰写的学术论文。理论性、系统性较强，具有一定的独创性，在中国知网上有中国优秀硕士论文全文数据库和中国博士论文全文数据库，是一种重要的文献信息源。

⑥会议文献。会议文献是正式会议上宣读的论文或书面发言，属于一次文献。此类文献具有主题集中、时效性强、专业性明显等特点，一般可以反映某学科或专业的最新研究成果，反映其学术水平、研究动态和发展方向。

⑦政府出版物。各国政府部门及设立的专门机构每年都要发表和出版许多文件，大致分为行政性文件和科技文献。政府部门颁布的法令、方针政策、统计资料等属于前者，专门机构公布的科技研究报告、科技成果、科普资料及技术政策文件等属于后者，约占30%至40%。其特点是内容可靠，但与其他信息源有一定重复。

⑧标准文献。标准文献是指对产品、工程质量、规格及其检验方法等所做的技术

和标准化规定，具有可靠性、实用性和时效性等特点。检索国内标准的工具主要有《中国国家标准汇编》《中国国家标准文献数据库》《中国标准化年鉴》《国家标准和部标准目录》等；检索国外标准的工具主要有《国际标准文献数据库》《ISO 国际标准目录》《英国标准年鉴》《美国国家标准目录》等。

⑨产品资料。生产厂家或销售商为了推销产品需要印一些宣传广告，如产品说明书、样本、产品目录、厂商介绍等。这些都是新产品设计试制和订货中不可缺少的情报，也是设计、制造新产品的有价值的参考资料。同时又是开发、销售、外贸等专业人员了解各厂商的产品现状、掌握市场情况及发展动向的重要信息源。

⑩技术档案。在生产建设过程中或技术研发中，会形成一系列的技术文件，它基于工程对象本身，是一种技术档案材料。如投标书、协议书、任务书、技术经济指标、方案报告、审批文件、研究计划、工艺技术及有关部门的计算数据图表、试验项目。

除了上面所述的文献类型，报纸、新闻稿、工作札记等也是可参考的文献类型。

(3)按载体形态划分

①印刷型：纸质材料为载体，印刷而成的文献形式。其特点是便携，方便阅读，但存贮不便，体积大，不好保存。

②缩微型：感光材料为载体，冲印而成的一种文献形式，包括缩微胶卷、平片、卡片等。

③声像型：磁性和感光材料为载体，是录制而成的一种文献形式。其特点是存取快，声像并茂，易理解。

④电子数字型：是伴随计算机和网络技术发展而产生的，用计算机处理技术来记录信息的一种文献形式。其特点是存贮量大，检索速度快。电子数字型文献又分为磁盘、光盘文献和网络文献。

3.1.2 文献检索的类型和手段

(1)文献检索的分类

①按检索的手段分为：手工检索、机械检索、计算机检索和网络检索。

②按检索的结果分为：文献检索和数据检索。

文献检索是对文献的一种相关性检索，即系统不直接提供问题的答案，而是把与问题相关的文献提供给用户做参考。可以再分为书目检索和全文检索。

数据检索则是把事实和数据作为检索对象，检索结果可以直接被用户利用。不仅包括以数值形式存在的实验数据与工业技术数据，还包括非数值形式的数据，如人名、地名、化学公式、产品设备名称和规格等。

还有人将数据检索细分为数据检索和事实检索。所谓事实检索是通过百科全书、年鉴、手册、字典等查询名词术语、概念、定义、事件、机构、任务、图谱等，是在数据检索和文献检索的基础上，经过比较、判断、分析、研究的结果。

(2)信息检索的工具

文献信息检索工具可以分为工具书检索和磁盘、光盘检索两大类型。

①工具书检索

字典和词典。即对字词进行解释。

百科全书、类书、综述。百科全书是针对所有类别知识或某一门类知识进行全方位概述的工具书。类书是一种将文献或其中的资料，按内容分类并加以组织陈述的图书，是各种资料中相关材料的分类汇编。综述也是一种概述，但它主要针对某学科或专题领域，是把相关材料进行归纳、分析和整理，在此基础上所做的概述。

书目和索引。书目即目录，是最早的一种检索工具，只揭示文献的外部特征，如书名、作者、出版社、出版地、出版时间、版本、页数、字数、定价等，它是按一定顺序编排的。索引是一种提示物，是对信息和物理位置的提示，可以方便读者在众多的信息集合中准确找到特定信息。

名录。是查找人名、地名、单位名、商品名等的必备工具书。

表谱。是指用图表等方式来记录时间、地点、人物和事件的工具书。

图录。是指用图像来表示事物、人物、地点、地名的工具书。

年鉴、手册。年鉴是一种每年出版的工具书，是对一年中所发生的重要事件的概述，其中所含记录最新，统计资料最全。手册则是一种说明性工具书，它是对某一领域的知识或材料进行的简要说明，如仪器仪表使用手册、安装手册等。

②磁盘、光盘检索工具

首先是INTERNET上的信息检索工具。主要包括WWW的检索工具；FTP服务器检索工具；Gopher (INTERNET上的一个菜单式信息浏览服务器)；WAIS(广域信息服务)和各种中文检索工具。

其次是光盘数据库。以只读光盘(CD－ROM)为载体的数据库最多。主要有以下五种：第一，文摘型，包括书目、索引，如《中文社科报刊篇名数据库》。第二，全文型，包括各种全文数据库，如《中国学术期刊全文数据库》《四库全书》光盘数据库以及《牛津英语词典》光盘版，等等。第三，事实型，包括人名录、企事业单位名录、产品名录、报刊新闻等。第四，数值型，如人口发展趋势统计资料、物价涨幅统计资料等。第五，多媒体型，它集视频、音频、文字、图像、动画等于一身，是多种信息的集合体。想要获得英文文献，首推Elsevier和Springer等数据库。

3.1.3　文献检索的方法、途径及程序

对浩如烟海的文献进行检索和梳理需要科学的方法和途径。文献检索常用方法有下列三种，也有以下四种检索途径；而对文献的梳理也要遵循一定的程序，这样才

能快速获得有价值的文献。

(1)文献检索方法

①直接法。此方法最常用,它是直接利用检索工具检索文献。又可分为顺查法、倒查法和抽查法。

顺查法是按时间顺序,利用检索工具由远及近地进行文献信息检索。用这种方法可以收集到有关某一课题的系统文献,对于较大课题,可以采用此文献检索方法。

倒查法是指与时间顺序相逆,即由近及远、从新到旧利用检索工具进行文献检索。重点关注近期文献,是最快获得某一领域的最新资料的实用方法。

抽查法是指基于课题的特点,把相关文献信息最可能出现的时间段或最多出现的情况挑选出来,利用检索工具进行重点检索。

②追溯法。追溯法是指对文献最后所列的参考文献,逐一追查原文,然后再从这些原文后所列的参考文献目录再逐一追查相关文献,从而扩大文献信息范围,这样一层层地追查下去,根据文献间的引用关系,来获得更多更满意的检索结果。

③循环法。这种方法又被称为分段法或综合法。即交替使用直接法和追溯法,取长补短,相互配合,相互照应,从而获得更好的检索结果。

(2)文献检索途径

文献检索的途径多种多样,这是因为检索工具有多种索引。传统意义上一般可分为分类途径、主题途径、著者途径和其他途径四种。

分类途径关键是分好类别。一般按照学科或专业分类,依据检索工具中的分类索引进行检索。用分类途径检索文献首先要正确理解检索工具中的分类表,然后将待查项目正确归类。例如,《中文科技资料目录》就是按类别编排,可以按分类途径进行检索。

主题途径关键是找准主题,并用词语表达出来,通过文献的主题和内容进行检索,它依据的是各种主题或关键词索引。检索者首先要确定检索词(主题词或关键词),然后进行检索。这也是一种主要的检索途径。

著者途径相对简单,是按照文献作者名,依据著者索引来查找文献。包括个人著者索引和机关团体索引。

其他途径是指用各种专用索引来检索的途径。专用索引有很多,常见的有号码的索引(如专利号、馆藏号、报告号等),专用代码的索引(如元素符号、分子式、结构式等),名词术语的索引(如地名、机构名、商品名等)。

除了上述几种传统检索途径,以下几种实用途径也能为研究者找到所需文献提供帮助。

首先用Google学术搜索进行搜索,一般会得到想要的文献名称。点击进入后,运气好的话，就有可能下载到全文。同时，Google 学术搜索中会显示所搜文章的引用次数，可作为是否为经典文献的参考，一般来说引用次数越多说明文章的质量越高。

如果上面的方法找不到全文，就把作者名或文章名在 Google 里搜索，注意不是 Google 学术搜索。这是因为，其一，许多国外作者喜欢把文章全文挂在自己的个人主页上，方便交流和推销自己。其二，用文章的名字搜索是因为国外一些大学的图书馆会把本校近几年的学术成果以 pdf 全文形式挂在网上或放在本校的 ftp 上，这样就可能免费获取到原文。

如果上述两种方法还没有获得想要的文献，可以直接给作者写信索要原文，一般情况下作者都愿意把自己的文献发给别人，这也是一种学术传播或交流。要注意的是如果作者发出来原文，一定要写回信表示感谢。

当前随着互联网的发展，我们还可以直接发帖在小木虫上求助或者通过学校图书馆的馆际互借系统、原文传递系统向管理员索取文献。

(3)文献检索程序

文献检索是一项艰辛的工作，要求具备一定的实践经验。不同的课题要采取不同的检索方法和程序。在检索过程中要根据不同的检索要求遵循一定的检索程序，一般分为以下几步。

①待查项目的分析，主题概念的确定。首先要弄清待查项目的内容和实质是什么、属于哪个学科、相互之间有什么关系等，通过分析，明确要点，提炼主题，把主要概念和次要概念区分开来，并理出逻辑关系。

②检索工具的选择，检索策略的确定。首先要选择恰当的检索工具，它是成功检索的关键。其次要注意采用合适的检索策略，它是成功实施检索的保证。如何确定检索工具？一是基于待查项目的内容和属性，二是确定学科范围、语种和文献类型。在选择过程中，要以专业检索工具为主，再辅以综合型检索工具。选好工具后，在检索过程中也需要确定采用什么样的检索策略。一般来说，如果一种检索工具同时具有电子数据库和书刊两种形式，要以检索数据库为主。这样做不仅高效，还能更加准确和全面。同时，为了避免漏检，必要时要补充查找相关期刊的现刊。

③检索途径的确定。一般检索工具有多种检索途径，采用哪种途径往往是由文献的内外部特征决定的。在传统的检索途径中，要以主题途径为主，辅之以分类途径、著者途径，同时还要充分利用互联网和其他途径进行检索，避免漏检。

④线索的查找，原文的索取。文献线索指的是用检索工具所查到的结果，对这些查询结果要进行分析和整理，并根据需要，确定是否索取全文。现在各高校图书馆大都开通了 CALIS 和 BALIS 馆际互借系统以及 CASHL 原文传递系统，可以很方便地索取原文。

3.2 文献的阅读及梳理

在阅读了一定量的文献后，会出现文献管理困难的问题，常会忘记哪些文章已读，哪些已下载了全文，文章的关键内容是什么。这将对论文写作带来诸多不便，经常要重复阅读文献，浪费时间和精力。怎样对文献进行有效阅读和梳理就显得至关重要。

3.2.1 文献管理

最实用的文献管理办法是把读过的文献用笔记本做个笔记，记上值得关注的点，按照文献的重要程度分放在不同的文件夹，每个文献前面标上序号。除此之外，还可以采用以下方法。

(1)重命名文献

下载电子版文献时(caj,pdf,html)，可以把文章题目粘贴为文件名。需要注意的是，文件名不能带有特殊符号，要把诸如“\ ／ ： ＊ ？＜ ＞ |”以及换行符删掉才能成功进行重命名。重命名一般可以有效防止重复下载文献。

(2)分类管理文献

把不同主题的文献存入不同的文件夹。文件夹的题目要简短，也可以用字母或缩略词代替，如PD,LTP,PKC,NO。看过的文献归入子文件夹，有用的和没用的文献分开放。也可以把重要文献根据重要程度在文件名前加001,002等编号，再按名称排列图标，这样最重要的文献就排在最前面了。

(3)管理复印或打印出来的文献

把打印或复印出来的文献装订，装入硬质文件夹。

(4)使用文献管理软件

借助文献管理软件可以很方便地管理文献，目前比较流行的有：Reference Manager,Endnote,Biblioscape,NoteExpress,Procite。

3.2.2 文献阅读

对检索到的大量文献如何阅读，是个棘手的问题。以下针对中文文献和外文文献谈一谈什么是比较好的文献阅读方法。

(1)如何有效地阅读文献

文献阅读的顺序。找到相关文献后，一般按照摘要、参考文献、引言三个步骤进行阅读。看摘要的目的是看摘要是否与自己的研究课题相关；看参考文献主要看该文献有无参考价值，如果参考文献中所列文章80%以上不是最近3—5年的，就没什么参考价值，当然经典文献除外；看引言是为了弄清楚作者的研究思路，即什么促成了研究想法的形成。如果摘要、参考文献、引言这三个方面都跟自己的研究课题有关,就有必要仔细阅读全文。

多种阅读方法相结合。只读摘要是略读;摘要看完又仔细读了参考文献和引言是概读;看完全文,对比分析自己的数据和文献中的数据,这是详读;详读了一篇文献后,把自己不懂的概念或疑问记下来,梳理自己的想法,并再去查证相关文献和书籍,真正弄清概念,解决问题,这是精读。在阅读文献时,要综合使用这些阅读方法,大部分的文献只需略读、概读,与自己研究主题紧密相关的要详读,对自己观点的提出有启发意义的要精读。

坚持记笔记。要总结一套适合自己的记笔记方法,重要的结论、经典的句子、好的试验方案一定要记下来,供以后参考、引用和学习。那么如何做读书笔记?首先,记下在什么杂志、第几期、多少页上有关于什么问题的什么论述,它对于我要做的论文有什么参考作用,或我对此问题有什么想法,可能会有什么贡献等。其次,要对读书笔记进行分类,如是中文还是外文文献,是理论方面还是数据方面的,是实证研究还是模型方面的,是案例还是学术争论方面的。第三,要重点分析几篇代表性的文献,写心得体会。第四,重要的数据及时记下来。第五,自己见解的变化过程记下来。

反复阅读。这一点也非常重要,这是因为看完的文献过一段时间后,容易印象模糊,一定要重新阅读一遍。什么样的文献需要反复阅读?当然是那些详读和精读过的文献。可以根据需要,对比自己的研究结果,在以后遇到相似文献时,把以前阅读过的论文和笔记拿出来对比阅读。

电子文献与纸质文献结合看。对于那些略读、概读的文献可直接看电子版,但对于详读,特别是精读的文献一定要找纸质文档阅读,可以把电子版打印出来,也可以直接找期刊或论文集的原文进行阅读。

总结或评述重要文献的主要内容。阅读完一篇文献,特别是精读过的文献之后,不能读完了事,总结和评述是必须的,这样才能使阅读过的文献真正发挥作用,对自己写论文有帮助。可以从以下几个方面进行评述:论文的主题、目的是什么;该论文的前期工作有哪些;该论文用的研究方法和得出的结论是什么;该文献有无创新点;该文献的不足,对本人研究课题的启发;通过阅读该论文,可提出哪些新思路。

(2)如何阅读英文文献

对于大量需要阅读的英文文献,许多学生或研究者会产生畏难情绪。其实阅读英文文献并没有想象的那么难,一方面,专业词一般都反复出现,对几篇英文综述文献精读几遍后,就不会出现更多的新单词,也就节省了大量查字典的时间。另一方面,因为文献阅读是有选择性的,大多数文献只需看摘要,只有少数重要文献才需精读全文。

阅读英文文献,特别是对于英语水平欠佳的学生来说,按照“中文著作——中文综述——外文综述——研究论文”的顺序进行阅读是一种不错的尝试。而对某篇英文文献进行阅读时,一般采用“题目——摘要——引言——结论——图表——讨论——实验原理和方法”这个顺序。如果较熟悉该领域,可以细看摘要,略读前言,再看结果中的图表,最后读一下讨论部分。当然如果文章对自己很有用,就必须精读全文。

3.2.3 文献梳理

文献是写好论文的基础,如同盖房子的砖块,没有砖块是盖不了房子的,最多也就是个空中楼阁。因此文献在撰写学位论文中地位重要,而如何在写论文前对大量的文献进行必要的梳理也显得至关重要。

(1)文献梳理的目的

选什么样的题并不是凭空产生的,它取决于对文献的阅读和分析,是基于已有的研究而发现的问题。梳理文献目的在于:第一,梳理所选题目的历史发展过程。不了解问题的发展脉络就不可能进行深入的学术研究。而且在梳理过程中不仅要关注国内研究的现状,还要关注国际学术界对这一问题的研究现状,从而对所选问题有全面的把握。第二,是对前人所做的学术贡献的充分肯定。可以说我们所做的任何研究都是在前人工作基础上的再发展,这如同站在巨人的肩膀上,只有这样我们才能看得更远。当然这个巨人不是某一个人,是对所选课题做出贡献的所有人。第三,梳理文献首要目的是发现前人研究中存在的问题和不足,通过分析找到自己的研究突破口。可以是对前人研究的深化,也可以是弥补前人研究的不足,还可以是基于原有问题的新发现。对文献进行如此梳理才能真正体现选题的研究价值。

(2)文献梳理的方式

有些作者喜欢把所有相关文献都罗列出来,这种方法不可取。正确梳理文献的方法是:第一,选择权威期刊上发表的论文和权威著作,不入流刊物上的文章不罗列。第二,选择权威作者或在学术界较活跃的作者的论文、论著。第三,选择与自己的研究视角相当的文献,结合自己的问题梳理文献,这样可以缩小范围,也便于把握文献。第四,把文献按照章节归类,不一定全用在引言部分。

3.3 文献综述的写法

文献综述一般放在绪论之后,是学位论文的第二章,也有在第一章引言中进行罗列阐述的。它是对某一方面的专题搜集大量资料后经综合分析而写成的。它要针对某个研究课题,就目前学术界的发展和成果加以探究,这对于学生能够顺利继续进行论文写作有着非常重要的作用。

3.3.1　文献综述的目的与作用

在确定选题之前,一般要考虑下面几个问题:首先是拟研究课题所属领域或其他领域对这个问题的了解程度;已做过哪些研究;以前对此问题的解决方案是否成功;是否有新的研究方向和议题。以上这些都是文献综述中要说明的问题。

如果在不考虑这些问题的情况下就直接进行文献探讨,只把仓促找到的现有文献做简单的罗列、描述或归类,不做分析,这必然导致研究课题与文献综述关联性不强。

回顾文献的目的就是把握别人都做过哪些研究,这本身就是一种探索性研究。只有广泛收集文献材料,扩大文献的来源,才有可能增加研究的角度,适时调整假设与变量,以改进研究的设计。

文献综述可达到的基本目的有:让读者熟悉现有研究领域中相关研究的进展与困惑;提供后续研究的思考,即未来研究是否可以找出更有效的解决方案;对各种理论提出的不同概念架构的说明;对某种现象和行为进行可能的解释以便提出新的假设;识别概念之间的前提假设,理解并学习他人对关键概念的界定与衡量;对现有研究的不足之处进行改进与批判,发掘新的研究方法与途径;对其他相关研究的验证。(李晓辉,王莹,2012:64)

总之,文献综述不仅可帮助研究者确认主题,也可展示对此研究问题的不同见解。可以参考发表过的研究报告和学术论文,对这些文献的综述会为自己的研究提供宝贵资料以及为研究的可行性提供范例。

3.3.2　文献综述的格式

文献综述本身就是完整的一篇研究论文,但不同于一般的研究论文,它是向读者介绍有关主题的详细资料、发展动态、研究现状和展望以及研究者自己的评述。文献综述的写法多样,但一般都包括前言、主题、总结和参考文献。

前言部分主要用来说明论文写作目的、介绍有关的概念和定义以及综述的范围,扼要说明有关主题的研究现状,点明有关主题的争论焦点等。总之,是让读者初步认识要研究的问题。

主题部分是综述的主体,其写法多样,没有固定的格式,作者可灵活撰写。主题部分的写作可以按照时间顺序写,也可以按照不同的问题进行综述,还可以通过比较不同的观点进行综述。不管采用何种方式,都要将文献进行归类、分析和比较。通过叙述相关主题的历史背景、现状和发展方向,对这些问题进行评述。此部分也可分为若干个小标题进行撰写。主题部分应选取代表性强、具有独创性的文献进行评述。

总结部分类似于学术论文的小结,是将主题部分进行扼要的总结,如果对所述主题熟悉并有相关研究，一般要提出自己的观点。

参考文献虽然放在论文的最后，却是文献综述的重要组成部分。它既是对被引用文献作者的尊重，也为读者深入研究此问题提供相关文献的查找线索。一般来讲，参考文献的数量可以体现作者阅读文献的广度和深度，因此，一定要认真对待。参考文献的编排要清楚，内容要准确无误。有关参考文献的标注和著录方法在后文中会有详细说明。

3.3.3 文献综述的步骤

文献综述一般分为搜集文献资料，摘要、分类整理文献，分析、概括、归纳与批判，提出问题四个步骤。

第一步：搜集资料。

收集文献的方法很多，主要有两种：一是借助各种检索工具进行检索。二是从论文或书籍的参考文献中，摘录出相关的文献目录，如综述性文章、专著、教科书、博士论文等。搜集文献时要注意：一要瞄准该研究领域的专业核心刊、经典著作、专业部门的研究报告以及有关的综述性文章等。二要瞄准该领域比较著名的研究者的研究成果。第三，在检索文献时应由近及远，因为最新的研究常常包括以前研究中的参考文献，这样能够使研究者更快地了解该领域的研究现状。

第二步：摘要、分类整理文献。

对已经搜集到的文献，要做进一步的筛选与整理。通过阅读文献摘要和文章结论，把与本研究无关的内容去掉。对相关的文献，在阅读中，要详细、系统地摘出文献中研究的问题、目标、视角、方法、结果和结论，以及简要评述该文献研究的缺陷与尚未提出或解决的问题，然后根据研究需要，将搜集到的文献根据自己所要研究的问题按照研究领域(学科)、研究方法、研究视角、研究问题等进行分类。在对文献的观点进行摘要时，要注意按照参考文献著录格式标明文献的出处，以便以后重新查找相关文献。

第三步：分析、概括、归纳与批判。

对收集到的文献进行综述，首先概括，然后是分析、归纳、比较、对照，目的是明确与研究相关的已有研究的主要内容，而不是对以往研究的重复叙述。对前人研究的贡献、不同观点和研究的不足进行分析、评论与批判，在此基础上提炼和明确研究者的研究主题，这一步是非常重要的。

第四步：提出问题。

文献综述的最终目的是指明已有研究没解决的问题、研究的不足在哪里，然后提出你要研究的问题。通过文献综述，在回顾和分析的基础上，提出新的研究方向和建议。也可以根据国内外发展现状和其他领域对本领域的影响，通过纵横对比，发现规律,提出发展的可能性,并预测可能产生的影响和问题,从而提出新方案。

3.3.4　文献综述的注意事项

文献综述由"综"和"述"构成,但要以评为主,切忌述而不评。"综"是对所查阅的文献进行综合的归类、提炼、概括,"述"则要在对问题进行合理剖析的基础上,提出自己独特的见解。这必将显示研究者自己的理论水平、专业基础、分析问题和解决问题的能力。

文献综述要全面、准确和客观。在文献综述过程中,首先要全面、准确地"综",即,在查阅某一领域已有的研究文献时,一定要全面,确保文献综述的完整性。尤其是不能遗漏该研究领域的国内外知名学者的研究成果。切忌不能有选择地搜集文献并对其综述,否则,文献综述的结论将缺乏可信性。因为只有在全面综述文献的基础上,研究结论和创新点才具有可信度。另外,为了准确,最好查阅第一手文献资料,避免使用他人对原始文献的评述。阅读二手文献很容易产生理解错误。然后是客观地"述",即在评述已有研究成果时,一定要以已有研究的文献为依据,不能脱离文献随便进行评述,要客观地说明已有研究的发展现状。

文献综述与背景描述不同。文献综述关注的问题是理论层面的,是对已有研究文献的学术观点、研究方法、研究视角以及研究问题的归纳和整理,是研究者以个人的批判性眼光归纳和评论已有的研究文献,而不是相关学术研究的罗列。评论要围绕研究问题展开,即别的学者对你提出的问题有什么样的看法,他们的理论和解决方法是否有不足?如果别人对你的问题已经有了完美的答案,那就没必要进行重复研究了。但是,有些学生的学位论文中,把文献综述与背景综述相混淆。背景综述关注的问题是现实层面的,即我们在选题时,需要对问题产生的背景和来龙去脉有所了解,这些内容均属于背景描述,严格意义上来讲,这不是文献综述。

文献综述要紧扣研究的问题。好多学生在做文献综述时,思路不清晰,没有弄明白:我要解决什么问题,人家是怎么解决问题的,说的有没有道理。这样做有利于进一步明确自己的问题,寻找研究的切入点,避免重复研究,少走弯路。文献综述不是资料的堆积,一定要围绕"问题"展开述评,使所述已有研究成果与本课题研究相关。好多学生没有明确此目的,使得自己的研究课题与文献综述两张皮,关联性很差。所以,文献综述一般来说采用由宽到窄的综述方法,从大的方面入手,逐渐把已有研究引到你的问题上来。文献综述的语言要简洁,不要大量引用原文,要用自己的话复述作者的观点并得出一般性结论。

总之,在文献综述撰写时,切忌文献堆砌,切勿张冠李戴,切忌用网络文献和报纸文献(权威学术机构或研究机构的网站除外),切勿想当然地使用文献、出现引用错误。

3.4 文献的标注

完成学位论文写作后需要在正文后列出所引用的参考文献清单,即参考文献的著录。同时在学位论文中引用该文献的地方要标注出所引用的文献,即参考文献的标注。

参考文献的著录分为顺序编码制和著者出版年制。我国多使用前者,国际上多使用后者。

3.4.1 顺序编码制

把作者所引用文献按照它们在文中出现的先后顺序,分别用阿拉伯数字加方括号连续编排的方法被称为顺序编码制。

(1)参考文献著录

当参考文献按顺序编码制编排时,各篇文献是按正文中所标注的序号依次排列的,中英文混排。

【例1】

[1]World Wind Energy Report 2008[R]: Jeju Island, South Korea: World Wind Energy Association WWEA, 2009.

[2]可再生能源中长期发展规划[EB/OL].2007.

[3]National Renewable Energy Laboratory. Wind Energy Information [Z]. U.S. Department of Energy, 1998.

[4]张果宇.风力发电机及其叶轮气动数值模拟研究与性能预测[D]. 武汉:武汉大学, 2008.

[5]范红宇. 风电设备行业报告. 长江证券. 2005,11.

参考文献按正文中所标注的序号依次排列的好处是读者可以在阅读原文中,从正文中标注的序号方便快速找到论文最后所列的相关参考文献。

(2)参考文献标注

①单篇文献的引用。在正文中标识出来,按被引用文献出现的先后顺序连续编码,并将阿拉伯数字序号置于方括号中。

【例2】

风力机作为风力发电机组中能量转换的核心部件,涉及空气动力学、流体力学、结构力学、机械设计、电气工程、材料科学、控制理论等学科和领域,其中空气动力学是关键学科之一[6]。风力发电机,具有良好的空气动力性能,不仅能获得较高的风能利用系数,进而获得高的转换效率和经济效益,而且在安全可靠及减少噪声方面都有良好的技术性能和社会效益。因此有必要对风力机的空气动力性能进行广泛的分析研究[7]。

②多篇文献的引用。在正文中同一个地方如果引用了多篇文献，各文献序号在方括号内要全部列出，各序号间用“，”隔开。如果是连续序号，可以在方括号内标注起止序号。

【例3】

因此，在风力机气动性能研究中，准确地估算不同相对厚度翼型的气动特性非常重要[38,39]，但准确的实验数据很难得到。

【例4】

风力机叶片的设计依赖于全尺度风力机在实际条件下精确可靠的数值预测[41-47]，数值计算的发展为全尺度风力机性能的预测提供了条件。

3.4.2　著者出版年制

这种文献标注形式由著者姓氏与出版年组成。在正文中出现的话，要置于“()”内。在只标注著者姓氏而无法区分该作者时，要加注著者的名字。如果文献的作者是集体，可标注单位名称。对于上文中已提到过的著者，则在后面的“()”内只须注明出版年。正文中所写的文献引用标志可以作为句子成分放在句子中，也可放在引用句尾的括号中。

(1)参考文献著录

参考文献如采用著者出版年制编写，各文献要先按文种排列，如先英文后中文；后按著者和出版年排列。中文文献可按汉语拼音字顺或姓氏笔画排列。

【例5】

[1]D. W. Wells.1968. Method for Economic Secure Loading of a Power Systems [J].Proceedings of IEEE, Vol. 115, No.8, pp.606－614.

[2]Sun D. I, Ashley B, Brewer B, et al.1984. Optimal Power Flow by Newton Approach[J].IEEE Trans on PAS, 103(10):2864－2880.

[3]刘宝英，杨仁刚等.2006. 基于混沌遗传算法的电力系统无功优化[J].电力系统及其自动化学报:18(5):49－52.

[4]张丰田，宋家骅，李鉴，程晓磊.2007.基于混合差异进化优化算法的电力系统无功优化[J].电网技术:31(9):33－37.

(2)参考文献标注

①一个著者的文献引用。正文中所引用的文献也可采用著者出版年制，标注内容是著者姓氏和出版年，并放在“()”内。在只标注著者的姓氏而无法辨别该著者时，可加注著者名字。集体著者只标注单位名称。对上文中已提到的著者，在后面的

“()”内只需标注出版年。

【例 6】

As commonly understood, an abstract“is a description or factual summary of the much longer report, and is meant to give the reader an exact and concise knowledge of the full article” (Bhatia, 1993:78).Just as Swales (1990:179) once put it…

②多个著者的文献引用。如果文献有两个著者,在正文中被引用时,要给出两个著者的姓(名);如果引用标志放在句子中作为一个句子成分出现,两个著者之间用“和”连接;如果引用标志放在引用处的括号内,英文的多个著者之间用“&”、中文用“,”隔开。如果是三个以上的著者,第一次引用时应给出所有著者的姓(名),以后再引用,只写出第一著者的姓(名),中文最后用“等”,英文用“et al.”。一般多采用第一种方式的标注。

【例 7】

S.Schreck, M. Robinson 对 NREL 叶片翼型气动边界层和流场状态进行了研究[15]。C.Sicot, P. Devinant, S. Loyer 和 J. Hureau 分析了湍流强度和旋转效应对叶片翼型失速分离点的等空气动力学特性的影响[16]。

例 7 中把引用标志放在句子中作为一个句子成分出现。

【例 8】

随着电力市场的不断发展,供电方为了在激烈的市场竞争中获得更好的竞争地位,就必须在技术许可和满足网络安全性的前提下尽量降低投资费用,提高可靠性。(何晓阳,康庆平,2005;迟峰,黄民翔,2007;张焰,1999)

例 8 中把引用标志放引文之后的括号中。

③引用同一著者同年出版的多篇文献。如果被引用的文献是同一著者在同一年出版的多篇文献,在文末的参考文献编排时,出版年后要用小写字母 a, b, c……加以区别。

【例 9】

[1]金广厚,李庚银,周明. 2006a.基于质量保险的多质量等级电能定价方法.中国电机工程学报 26(9):113 - 119.

[2]金广厚,李庚银,周明. 2006b.风险管理机制在电能质量市场中的应用.电网技术:29(4):70 - 75.

当引用标志出现在原文中时,标注方法和只有一个著者引用标识一样。

④两篇文献著者的姓氏相同,需给出名的缩写,以免混淆。

【例 10】

S.Schreck (2003)和 Schreck S.J (2007)研究了……

⑤同时引用不同著者的文献,按著者的姓氏字母排列,用分号隔开。

【例 11】

著录参考文献应贯彻下列原则(Day,et al. 2006;CSE,2006;Hofinann,2010)。

⑥集体著者著述的文献可标注机关团体名称。

3.4.3　著录的一般规定

(1)著录信息源

著录信息源指的就是文献本身。文献本身如果信息不足的话,可参考其他信息源。非文献本身的著录信息要放在方括号内。

(2)著录用文字

文末参考文献要求用文献本身的文字著录。著录数字时,须保持文献原有的形式,但卷期号、页码、出版年、第几版等用阿拉伯数字表示。外文书的版本用序数词的缩写形式表示。著录个人著者时,其姓全部著录,而名可以缩写为首字母,如用首字母无法区分该人名时,就用全名。

(3)著录用符号

标准 GB/T 7714－2005 中的著录用符号为前置符。参考文献中的第一个著录项目,如主要责任者、析出文献主要责任者、专利申请者或所有者前不使用任何标志符号。按顺序编码制编排的参考文献中,各篇文献序号用方括号,例如:[1]、[2]……。

参考文献使用下列规定的标志符号:

“.”:用于题名项、析出文献题名项、题名、其他责任者、析出文献其他责任者、连续出版物的“卷、期、年、月或其他标志”项、版本项、出版项、出处项、专利文献的“公告日期或公开日期”项、获取和访问路径以及著者出版年制中的出版年前。每一条参考文献的结尾可用“.”号。

“:”:用于其他题名信息、出版者、引文页码、析出文献的页码、专利国别前。

“,”:用于同一著作方式的责任者、“等”或“译”字样、出版年、期刊年卷期标志中的年或卷号、专利号、科技报告号前。

“;”:用于期刊后续的年卷期标志与页码以及同一责任者的合订题名前。

“//”:用于专著中的析出文献的出处项前。

“()”:用于期刊年卷期标志中的期号、报纸的版次、电子文献更新或修改日期以及非公元纪年。

“[]”:用于文献序号、文献类型标志、电子文献的引用日期以及自拟的信息。

“/”:用于合期的期号间以及文献载体标志前。

“－”:用于起讫序号和起讫页码间。

(4)文献类型与文献载体代码

根据 GB 3469－1983《文献类型与文献载体代码》规定,以单字母标识:

M 代表普通图书

C 代表会议录或论文集

N 代表报纸上的文章

J 代表期刊文章

D 代表学位论文

R 代表研究报告

S 代表标准

P 代表专利

A 代表专著、论文集中被析出的文献

Z 代表其他未说明的文献类型

电子文献类型以双字母作为标识:

DB 代表数据库

CP 代表计算机程序

EB 代表电子公告

非纸张型载体电子文献,在参考文献标识中要同时标明它的载体类型:

DB／OL 代表联机网上的数据库

DB／MT 代表磁带数据库

M／CD 代表光盘图书

CP／DK 代表磁盘软件

J／OL 代表网上期刊

EB／OL 代表网上电子公告

(5)著录的格式及要求

①期刊作者.题名[J].刊名,出版年,卷(期):起止页码.

【例 12】

Sun D. I, Ashley B, Brewer B, et al.Optimal Power Flow by Newton Approach[J]. IEEE Trans on PAS, 1984, 103(10): 2864－2880.

②专著作者.书名[M].版本(第一版不著录).出版地:出版者,出版年:起止页码.

【例 13】

陈云程,陈孝耀,朱成名.风力机设计与应用[M].上海:上海科技出版社,1990:46－52.

【例 14】

罗云.安全科学理论体系的发展及趋势探讨[A].见:白春华,何学秋,吴宗之.21－5.

例 13 是专著文献,例 14 是专著中被析出的文献。

③论文集作者.题名[C].编者.论文集名,出版地:出版者,出版年:起止页码.

【例 15】

Sousa A.A,Torres G.L,Globally Convergent Optimal Power Flow by Trust-Region Interior-Point Methods[C]. Power Technology,2007,1386－1391.

【例 16】

Ponnambalam K,Quinlana V. H,Vannelli A. A Fast Algorithm for Power System Optimization Using an Interior Point Method[A]. Power Industry Computer Application Conference. Conference Proceedings. 1991. 393－400.

例 15 是会议论文集的文献,而例 16 是会议论文集中被析出的文献。

④学位论文作者.题名[D].保存地点.保存单位.年份.

【例 17】

张果宇.风力发电机及其叶轮气动数值模拟研究与性能预测[D].武汉:武汉大学,2008.

⑤专利文献题名[P].国别.专利文献种类.专利号.出版日期.

【例 18】

王法林.汉字纯部首编码计算机输入法[P].中国.02122940.6[P/OL].2003－01－01[2004－07－20].

【例 19】

姜锡洲.一种温热外敷药制备方案[P].中国专利:881056078,1983－08－12.

⑥标准编号.标准名称[S].

【例 20】

GB/T 16159－1996.汉语拼音正词法基本规则[S].北京:中国标准出版社,1996.

⑦报纸作者.题名[N].报纸名.出版日期(版次).

【例 21】

谢希德.创造学习的思路[N].人民日报.1998,12(25):10.

⑧报告作者.题名[R].保存地点.年份.

【例 22】

Nilay Sezer-Uzol, Lyle N. Long. 3-D Time-Accurate CFD Simulations of Wind Turbine Rotor Flow Fields [R]//4th AIAA Aerospace Sciences Meeting Exhibit (2006－

394). USA: AIAA. 2006, (1): 5－14.

【例 23】

冯西桥.核反应堆压力容器的 LBB 分析[R].北京:清华大学核能技术设计研究院.1997.

⑨电子文献作者.题名[电子文献及载体类型标识].文献出处.日期.

【例 24】

可再生能源中长期发展规划[EB/OL]. (2007). 2010.

第4章 摘要的撰写

在学位论文正文之前要附有中英文摘要,摘要是整个论文的重要组成部分之一,它是对整篇论文基本内容的概括,其中不加解释和评论。GB 7713－1987《科学技术报告、学位论文和学术论文的编写格式》中要求:“摘要应具有独立性和自含性,即不阅读报告、论文的全文,就能获得必要的信息。摘要中有数据,有结论,是一篇完整的短文,可以独立使用,可以引用,可以用于工艺推广。摘要的内容应包含与报告、论文同等量的主要信息,供读者确定有无必要阅读全文,也供文摘等二次文献采用。”

本章将从摘要的内容与作用、摘要的分类、摘要的特点、摘要撰写常见问题及注意事项、摘要的写作规范等方面进行阐述,另外,结合实例对关键词和英文摘要的写法也进行了总结和概述。

4.1 摘要的内容与作用

摘要是论文内容不加注释和评论的简短陈述。摘要也称内容提要。它是全文内容的缩影,是一种凝练出来的短文。要向读者扼要地讲清本文的论点、论证范围和意义。在写法上,不举例,不论证,有什么说什么。字词句都十分确切。毕业论文摘要有300字到500字即可。

按照编写要求,在写摘要时要注意包括以下内容:拟研究的问题是什么;为什么要选择此课题;课题研究的目的和任务有哪些;拟采用的研究方法和手段是什么;与他人研究所用方法有什么不同;想要达到的结果或结论是什么;有什么应用价值及对今后的工作有什么启示等。摘要位于学位论文的最前端,但它不属于正文的一部分。它通常是高度概括正文中所述的内容,但不加任何评论和解释,是对正文实质内容的简单介绍。简言之,摘要中要包括问题、方法、结果和结论。具体来讲,围绕着问题,涉及选题的范围、原因、目的和任务;围绕着方法,涉及论文中所使用的理论、条件、对象、工艺、程序、手段等;围绕着结果,涉及实验或研究的数据、调查的结果、验证的关系等;围绕着结论,涉及对结果的分析和评价,或提出今后工作的方向等。另外,如果需要还可加上其他信息,主要指除上述内容之外的重要信息,如情报价值高或见识广的重要信息。

论文摘要的好坏直接关系到整个学位论文的质量,写好摘要意义重大。首先,随着人们生活节奏的加快,人们希望不断提高自己的工作效率。而在做科研时所要查证阅读的材料又很多,时间有限,任务重,不太可能一开始就对每篇文献通读全文,可行的办法就是先读一读摘要,看是否此文献对自己有用,从而决定是否通读全文。其次,论文发表后,其摘要可以提供给文摘、杂志或数据库,直接或稍做修改后就被它们所转载,有利于人们对摘要的正确理解。另外,随着网络资源和数据库资源的日趋丰富,在查找文献时常常把摘要作为索引进行检索,摘要的作用越来越大。要想吸引读者,写好摘要是第一步。其质量的高低可对论文引用次数和期刊知名度产生直接影响。综上所述,报道作用是摘要的主要作用,它含有论文的主要信息,给读者提供参考,并考虑是否有必要阅读全文;索引作用也是摘要的重要作用,它可供读者迅速查阅;摘要还可供编纂论文集时使用。因此,务必要把摘要写好。

4.2 摘要的分类

摘要具有不同的功能,按此划分,大致可分为信息性摘要、指示性摘要、信息—指示性摘要和结构式摘要等四种类型。

信息性摘要也被称为报道性摘要,是一种资料性摘要。其主要内容是对论文的主题和内容要点进行简介。它向读者提供与论文相关的实质性信息,有定量的,也有定性的。主要包括论文的观点、方法、成果和结论,还包括一些对成果的分析。它对论文内容的概括是比较全面的。它可以用有限的字数向读者交代尽可能多的定性或定量的信息,充分反映该研究的创新点。

指示性摘要是一种介绍性摘要,也称陈述性摘要。毕业论文的摘要一般采用这种摘要写作形式。它只是概要说明研究对象是什么,主题范围有多大,所用的方法是什么,而不涉及论文的具体内容,也不说明具体的研究手段和过程,只对研究成果进行简单的叙述,如得到的数据有哪些,取得哪些新的看法和结论等。它通过简单介绍论文论题,概括地表述研究目的,使读者对该研究的主要内容有一个概要的了解。

信息—指示性摘要也叫混合型摘要。它是上述两种摘要的混合体。论文中最重要、最有价值的那部分用信息性摘要来写,其他部分用指示性摘要来表述。

结构式摘要主要采用 4 段式结构,即目的、方法、结果及结论。结构式摘要首先应用于医学期刊,国内一些医学杂志也开始应用结构式摘要。但在国内非医学类期刊中不采用这种摘要形式。

一般要根据论文的内容、学科范围、类型和篇幅来确定摘要的长短、各部分的详略。其中起决定性作用的因素是文献的内容。一般来讲，报道性摘要和报道—指示性摘要以500字左右为宜，指示性摘要以200字左右为宜。目前也有高校按照摘要篇幅的长短，把学位论文摘要划分为详细学位论文摘要和简明学位论文摘要。对硕士学位论文而言，详细中文摘要字数一般在800字左右，简明中文摘要字数一般不少于400字。

下面以李国栋2010年的工学硕士论文《现代电能质量综合评估方法的研究》的摘要为例。

【例1】

电能质量综合评估在现代电力系统中具有重要意义。本文在电能质量指标、标准及其权重优化方法基础上，将多种综合评估方法引入到电能质量综合评估中，包括基于变权理论的四种综合评估方法、区间数逼近法、基于云模型的物元分析方法、雷达图法、合作博弈分析法等，这些方法新颖、实用、有效，为电能质量综合评估工作开辟了新思路。算例研究表明，本文采用的电能质量综合评估方法在提高评估准确性、简化评估流程、增强实用价值等方面具有重要意义，并有可能在电力市场中电能定价机制创新、完善电能质量综合评估体系、电能交易平台建设等方面得到应用。

这篇摘要是指示性的摘要，首先对学位论文的目的（电能质量综合评估）进行了明确，之后说明了本文所采用的方法，最后概要陈述了结果和结论。但摘要中不涉及具体的研究手段、方法和过程，是典型的学位论文摘要的写法。

下面这篇硕士论文的摘要是信息性摘要，源于梁新恒2011年的管理学硕士论文《基于可靠性的城市电网工程投资决策研究》。

【例2】

在传统的电力投资体制下，国家作为投资的主体，将社会的收益最大化作为投资的目标，不存在由于外部性导致的市场失灵问题。随着电力体制改革的开展，作为独立的企业法人和投资主体，电力公司是以公司收益最大化为目标从事市场活动。由于目前我国还处于电力体制改革初期，电力系统还缺乏可靠性收益合理分配的机制，此外，由于电力商品具有社会公益性的性质，因此现有的机制不能对电力公司的市场行为给予有效的激励，电力公司的行为使得电网投资市场出现了市场失灵，直接的体现就是城网工程项目的投资决策不合理。

解决外部性等市场失灵问题的一个重要方法就是将外部性问题内部化，即明确财产权问题。供电可靠性是电力公司在出售电力商品时附加的一个重要技术指标，随着社会经济的发展，附加的可靠性指标逐渐拥有了商品的特征。通过这种方法，电力公司收益最大化和社会收益最大化的目标达成了一致的方向。

城网工程在提高电力公司售电量的同时,也会提高城市的供电可靠性,增加电力用户的潜在收益,从而提高社会的总体收益,因此城网项目具有区别于一般工程项目的外部性特征。本文以电力公司为主体,探讨一套在城市电网项目中增进社会全体而不只是电力公司的收益的投资决策理论体系。这套体系是基于外部性问题内部化而建立的,规定了供电可靠性为电力公司的财产权,把供电可靠性给用户带来的潜在收益作为电力公司的收益,探讨供电可靠性对城网工程的成本的影响,然后再结合传统的城市电网工程的成本和收益,对城市电网工程进行投资决策分析。

例 2 属于信息性摘要,它对学位论文的各个组成部分进行了较详细的说明,对研究的背景意义(现有的机制不能对电力公司的市场行为给予有效的激励)进行了说明,然后提出了问题的解决方案(将外部性问题内部化)进行了较详细的阐述,最后阐明了结论(一套在城市电网项目中增进社会全体而不只是电力公司的收益的投资决策理论体系),并介绍了所进行的分析(对城市电网工程进行投资决策分析)。这篇摘要内容比较完整。

4.3 摘要的特点与撰写注意事项

独立性和自明性是摘要的显著特点,同时摘要一定要拥有与文献等量的主要信息,读者可以通过阅读摘要初步确定此论文对自己所从事的科研工作有无参考价值,从而决定是否阅读全文。

撰写摘要的注意点是:首先,摘要应具有独立性,即摘要本身就是一篇完整的短文,可独立使用,不仅可以阅读,也可引用,还可供编辑论文集用;其次,摘要还应有自含性,即摘要自身的内容应包含与论文等量的主要信息,如为什么确定进行此项研究工作、研究方法是什么、结果和最终结论有哪些等,重点是结果与结论;不添加评论。概括来讲,摘要的内容必须与论文一致,不允许对论文本身作评论和诠释;简短,即摘要一般以 300—500 字为宜,中文摘要对应的英文摘要则不宜超过 250 个实词,英文摘要一般放在中文摘要后面;另外要注意的是图、表、化学公式、非公知公用的符号和术语不包括在摘要中。摘要一般应另页置于题名页之后。

学位论文摘要大多属于概括型摘要,意在概括论文的主要论点、分析过程和结论。一般短小精悍。学位论文摘要有比较固定的文体,一般采用“三段式”的结构,即:开头、展开、结尾。主题句放在开头,开门见山地点出主题;在展开段要进一步阐述论文的内容、研究方法、论证过程及论证要点;结尾段是全文的结论,并要指出结论所包含的意义。学位论文摘要的内容一定要完整。这主要体现在四个方面:研究的

目的;研究的方法;研究的结果;研究的主要结论。一般论文摘要可独立成篇。(于志刚,2013:83)

4.4 摘要中常见的问题

读者阅读摘要的目的是在不阅读论文全文的前提下获得与学位论文等量的主要信息。摘要一般应说明研究方法和最终结论等,结果和结论是重点,其本身就是一篇完整的短文,可独立使用和引用。摘要中不含图、表、非公知公用的符号和术语,当然实在无变通方法可用的情况除外。

学位论文常见的问题有:第一,各要素不全,不是缺目的,就是缺方法、结论等。第二,出现引文,没有总体把握论文的内容,缺少独立性和自含性。第三,繁简不当,摘要所包括的目的、方法、结果、结论和其他等几个要素的繁简程度取决于采用什么样的摘要撰写类型,要根据文献的内容及形式灵活掌握,该简的简,该详的详,该省的省,尺度要掌握好。第四,把摘要写成目录式摘要,这也是学位论文写作中的常见错误。这种摘要往往按照论文中的目录和小标题罗列内容,看不出文章的结论到底是什么,有何意义,所以应该避免这样的摘要写作方式。第五,摘要中出现夸大价值的语言,比如"开创了先河""首先提出了""弥补了空白""做出了重要贡献"等词语,这种为强调论文结论的重要性而出现的词语,往往夸大其词,反而不具有说服力和认同感。

4.5 摘要的写作规范

正如上文所述,摘要的写作要简短、精炼和完整。要铭记下面的三忌:忌方法交代过粗、信息不全;忌问题、方法、结果和结论各部分比例失衡;忌英文摘要出现Chinglish。不用机器翻译。

与原文合拍,即忠实原文是对摘要写作的基本要求。读摘要的目的就是获得与读原文一样的信息量,所以必须包括研究的目的、方法、结果、结论,且各部分的比例要得当。中文摘要一般要求300—500字。中文摘要后要配有英文摘要,这不仅是国际交流的需要,更是论文检索的需要。在编写摘要时语言要客观,不使用"笔者""本文作者"等主观性词语。不用图表化学式和非公知公用的符号代号或术语,更不能包含引用的内容。

学位论文的中英文摘要必须对应,但不要求逐字翻译,标点符号应按各自规定。摘要下方应标出关键词,它也是为文献检索服务的。中文关键词之间可用空格隔开,英文关键词之间必须用“,”或“;”分隔,不得出现缩略语。

4.6 关键词

关键词也称主题词,为了文献标引的工作,通常选取能代表全文主题内容的单词或术语作为关键词,是一篇论文中最重要、起决定作用的词。按照专业领域的标准术语写出,切忌太宽泛、没有专业特色。为方便检索,一般用名词。一般来说,每篇论文要选取3—8个单词或术语,以显著的字符另起一行,排在摘要的左下方,词与词之间一般汉语用“,”,英语用“;”分隔。为了国际交流,应标注与中文对应的英文关键词。

关键词的排列顺序,一般按词条的外延层次排列,外延大的排在前面,外延小的排在后面。以上文中的工学硕士论文《现代电能质量综合评估方法的研究》的关键词为例:

【例3】

关键词:电能质量,综合评估,变权理论,云模型,雷达图法,合作博弈

从上例可以看出,关键词中外延最大的排在第一个,之后的几个关键词外延越来越小。

4.7 英文摘要

根据GB 7713－1983《科学技术报告、学位论文和学术论文的编写格式》规定,公开发行的国内外期刊中的论文应附有以国际通用语(通常是英语)翻译的摘要,英文名为Abstract。一般说来,中、英文摘要的字数和内容应一致,即英文摘要应该是中文摘要翻译过来的,但不一定逐句将中文摘要译出,只要简洁、准确地传达意思即可。英文摘要大都排在中文摘要的下面,或排在参考文献之后。

为了国际交流,学位论文可以附加英文摘要。英文摘要在中文摘要之后,内容应当与中文摘要相同。英文摘要一定注意用词准确,符合英语的搭配习惯和语法。

英文摘要中的中国人名和地名应采用《中国人名汉语拼音字母拼写法》的有关规定:人名姓前名后分写,姓、名的首字母大写,名字中间不加连字符。英文摘要中,地名中的专用名和通用名分写,每个分写部分的首字母大写。(于志刚, 2013:83)以工学硕士论文《基于可靠性的城市电网工程投资决策研究》的英文摘要为例:

【例4】

Abstract

In the traditional electric power investment system, as the main body, the state invests network project in order to increase the social income, so there is no existence of market failure problems because of externalities. Along with the development of power system reform, the electric power company is an independent enterprise legal persons and main body of investments, and it is engaged in market activities to achieve the maximum profit. Because China is in primary phase of power system reform at present, we still lack the distribution system of reliability earnings in the electric power system, because power commodity has social commonweal nature, and the existing mechanism has not effective incentive for electric power company market behavior, the electric company's behavior is the factor of the market failure, the direct embodiment of city network project is that the investment decision is not reasonable.

An important method to solve such problems of externality is internalization of externalities, which is also called definite property right problem. Power supply reliability is an additional important technical index when the electric power company is selling electricity commodity, with the development of society and economy, reliability indexes gradually have the features of the products. Through this method, the electric company maximizes returns and social benefits maximization agrees in a direction.

Constructing city network engineering will be raising power selling, and can also increase urban power supply reliability, which will increase power users' potential benefits, so as to improve the overall social income, therefore city network project is different from general engineering project with its externality characteristics. Based on the electric power company, this paper discusses a set of investment decision - making system in a city grid project which improves social benefit, not just electric power company profit. This system is built with externality internalization, and stipulates the power supply reliability which is property rights of electric power company. The system regards the potential returns as electric power company profits, and discusses the influence of power supply reliability on city network engineering cost. Combining the traditional city network engineering cost and benefits of the city grid projects, the power company can make the reasonable investment decision.

Keywords: power system reform; city grid engineering; investment decisions; reliability; externalities

例4中的英文摘要只有352个词,涵盖了论文的主要内容和研究方法及结论,时态主要是一般现在时,关键词中间用";"隔开,外延也是由大到小。

对于英文摘要中的时态和语态,应注意以下几点:首先,英文摘要中的时态要简练,常用一般现在时、一般过去时,不常用现在完成时、过去完成时,基本不用进行时和其他复合时态。在一篇简短的英文摘要中,不要混用各种时态,同时在一个句子中也不能混用各种时态。第二,决定采用什么样的语态,一要考虑摘要简明的特点,二要看是不是表达通顺。被动语态比较常用于摘要写作中,以表达其客观性。

在撰写英文摘要时,应避免一些常见的错误:第一,冠词的使用。定冠词 the 常被漏用。以下情况必须用 the:表示特指;双方都知道的人或事;第二次提到的;独一无二的;表方位的名词前;形容词最高级和序数词前;表示一类的名词前;专有名词前等。第二,数词的使用。注意基数词序数词不要混用;注意数词与其他词的正确搭配;注意阿拉伯数字不作一句话的首词。第三,单复数的使用。一些名词单复数形式不好辨认,平时要多积累,掌握用法,这样的词做主语时,一定注意谓语形式,不要出现主谓不搭的错误;第四,长短句的使用。尽量多用短句,句子太长容易有歧义,造成理解困难。但也要注意句子长短的变化,避免单调的句式和过多的重复。

第 5 章　绪论的撰写

绪论是学位论文的开场白，用来交代选题背景。绪论的写作直接反映作者的分析概括能力、逻辑思维能力以及论文的深度，对论文质量的评价起着非常重要的作用。

5.1　绪论的定义及作用

根据《现代汉语词典》，绪论的定义如下：绪论（Introduction）是学术论著开头说明全书主旨和内容等的部分。

作为学术论著的开头部分，绪论简要说明研究工作的背景、意义、范畴、现状、理论或实验基础、研究方法和预期结果。其主要任务是向读者介绍研究的来龙去脉，让读者清楚地了解选题的价值和意义以及全文的主要内容，以便激起读者的阅读兴趣，在全文中起着概括、引导的作用。（吴寿林等，2009：93）

绪论的写作应当言简意赅，但与摘要有着本质区别。除了篇幅长短不同外，其区别主要有以下两点：

（1）目的不同

摘要的写作目的是让读者尽快了解论文的核心内容（即研究动机、方法、结果和结论），从而提高阅读效率，节省查阅文献的时间。现在，每一学科领域的文献都浩如烟海，如果要想阅读对自己研究课题有参考价值的文章，最行之有效的办法就是先读论文摘要，然后决定是否阅读全文。绪论的写作目的是引出论文要解决的问题，是要向读者说明为什么要研究这个课题以及它的研究意义和价值所在。

（2）内容不同

摘要是论文的精华，内容包括四要素，即研究目的、研究方法、研究结果和主要结论。绪论的内容相对复杂一些，篇幅也比摘要长得多，因此绪论的内容根据选题的不同会有一定的灵活性。总体来讲，绪论的主要内容分为三到四个层次。第一层由研究背景、意义等内容组成;第二层说明发展状况,指出目前研究领域的知识空白;第三层说明研究目的和内容;最后是结尾,介绍论文的组成部分。需要特别注意的是绪论中不应出现研究结果。

学位论文中的绪论、论文主体和结论经常被形象地比作飞机的起飞、航行、降落这三个过程。绪论就是在飞机起飞前乘客需要了解的一些基本信息,如所乘的航班号、起飞航站楼、目的地、预计飞行时间,飞行里程和预计降落的时间等。论文主体具体描述飞机在飞行过程中所发生的具体情况和数据。飞机在经过安全的起飞和飞行之后会顺利抵达目的地,在降落时大家都会对之前经历的两个过程一目了然。也就是说,如果绪论和论文主体写得好的话,结论就会顺理成章,清楚地呈现在读者面前。

5.2 绪论的主要内容

绪论的主要内容是介绍研究课题的缘由和意义,概括来讲,它包含以下几个要点:研究背景和意义;基本概念和理论;国内外研究现状;问题的提出;自己的见解和观点;论文的创新点;研究思路与方法;论文的主体结构。有些论文还会给出课题的来源、支持和协作等。为了方便理解和整理,这些要点可以归纳为三个重要组成部分,即研究的背景和意义、国内外研究现状和论文的主要工作。这些内容体现了作者对相关领域课题研究和进展的熟悉程度,专业知识和基本原理的掌握程度,以及选题是否新颖、研究是否有价值。

以下节选了两例硕士论文绪论的目录,我们从中可以看出其基本内容与结构。

【例 1】

第 1 章　绪论

1.1　引言

1.2　电力线载波技术的发展和主要应用

1.3　用电信息采集系统与低压电力线载波通信技术

1.3.1　采集对象分类及采集要求

1.3.2　系统物理架构

1.3.3　本地通信信道设计

1.4　低压电力线载波通信存在的问题

1.5　低压电力线载波通信信道模拟的研究现状

1.6　本文的研究内容和章节安排

【例 2】

第 1 章　绪论

1.1　选题背景及意义

1.2　国内外研究动态

1.2.1　电能质量指标体系

1.2.2　电能质量综合评估方法

1.2.2.1　基于模糊数学的电能质量综合评估方法

1.2.2.2　基于概率统计的电能质量综合评估方法

1.2.2.3　基于智能化算法的电能质量综合评估方法

1.2.2.4　其他方法

1.2.3　小结

1.3　研究方案及难点

1.3.1　研究方案

1.3.1.1　电能质量指标体系及其权重优化

1.3.1.2　基于变权理论的电能质量综合评估方法

1.3.1.3　其他综合评估方法

1.3.2　研究难点

1.4　论文的主要工作

以上两个例子显示了绪论包含的主要内容,即研究背景和意义、研究现状和论文的主要工作。例1划分比较详细,共分了六小节。在逻辑安排上,第1小节是引言,介绍了低压电力线载波通信的概念和作用,接着第2小节叙述其发展历程和主要应用。第3小节重点介绍了研究背景和意义——电力用户用电信息采集系统的建设,以及低压电力线载波通信在其中的应用。然后第4小节和第5小节指出低压载波存在的问题和低压电力线载波通信信道模拟的研究现状。最后说明论文的研究内容。

例2的构思与例1略有不同,共分了4小节内容,在第3小节单独列出了研究方案与难点。另外,例1采用的是三级标题,而例2则采用了四级标题。在此需要特别注意的是在毕业论文中,规范性的目次应该采用的是三级标题。如果确实需要有四级标题,则不需要在目次中列出,但是可以出现在论文中,或者在论文里将四级标题用"1. 2. 3……""一、二、三……"或"A. B. C……"等形式代替。若是使用英文书写则不应该出现一、二、三、这种中文排序的方式。

从上述案例分析中可以看出作者在绪论的编排上是有一定灵活性的。根据选题的不同性质,作者写作的侧重点也会有所不同。偏重理论方面的论文对学术背景的评述篇幅会比较长一些,而偏重技术或工程方面的论文则对应用背景的阐述会比较多一些。

一篇硕士学位论文的篇幅长达4万—5万字,不可能在短短几天内完成,在写作上常见的做法是先撰写提纲,然后根据自己的研究进展将论文的章节内容分成模块来写。一般来讲,工科类硕士学位论文的绪论部分分为三个主要组成部分:研究背景和意义、研究现状和论文的主要内容和结构。

5.2.1 研究背景和意义

研究背景简要叙述所研究主题的背景、发展状况、目前的水平,从而聚焦特定现象或议题,由此说明作者所提出的议题在学科领域中扮演什么样的角色,会有什么理论、现实意义或应用价值。假如作者探讨的是一个全新的题目,他必须在研究背景中说服读者,这个新题目为何重要,会有什么贡献。倘若作者探讨的是旧议题,就必须告诉读者,为什么还要把相同的题目再做一遍,是不是有新的发现。通过对研究背景和意义的叙述,可以让读者明白所研究题目的必要性和重要性。这部分内容主要基于阅读文献资料和作者对相关知识的掌握而得出。现在我们通过以下几个例子来具体分析在绪论中如何介绍研究背景和意义。

【例 3】

随着地球上常规能源的逐渐衰竭、环境污染的日益加重以及电力科学技术的不断进步,世界各国纷纷开始关注一种环保、高效和灵活的发电方式——分布式发电(Distributed Generation,DG)。在布鲁塞尔成立的国际热电联产机构预言"DG 将成为 21 世纪电力工业的发展方向"。美国的安德逊咨询公司研究认为:电力工业在 2015 年前将发生根本的变化,大型和远离负荷中心的电厂将越来越多地被靠近负荷中心的小型和清洁的发电方式所代替,这些负荷中心将减少对昂贵的远距离输电线路的需求。如果说电力市场化是电力行业"上层建筑"的革命,那么 DG 可以认为是电力行业"物质基础"的革命,两者的共同作用将使未来整个世界的电力行业呈现全新的面貌。

以上案例中,作者围绕分布式发电展开,首先指出研究对象,即分布式发电(DG),然后说明 DG 的发展趋势,最后说明 DG 在电力行业中的重要角色。整个段落内容清晰,主旨明确。

【例 4】

随着社会的发展,电能在现代社会中扮演的角色越来越重要。由于它可以方便地转化为其他形式的能量且输送和分配易于实现,应用规模也相对灵活,因此被日益广泛地应用于传统的工农业、交通运输业、商业以及人们的日常生活中。同时,由于时代的发展,用户对电能质量的要求越来越高。如何向用户提供充足、可靠、经济的电能是电力工作者的首要任务。而电力系统可靠性问题是影响电能质量的关键因素之一,因此,提高电力系统的供电可靠性是提高电能质量的重要环节之一。

该例中,作者先指出电能的重要性,然后提出如何提高电能质量,最后提出解决途径:提高电力系统的供电可靠性是解决问题的关键。段落的发展脉络清晰可见:电能——电能质量——电力系统可靠性的重要性。

以上案例分析说明在介绍研究背景时要有针对性,要体现和本论文题目直接相关的内容,以便让读者快速、准确地了解研究要旨。

5.2.2　研究现状

研究现状是对相关领域的文献进行回顾和综述。具体来讲,就是要介绍迄今为止本研究领域或相关课题在国内外的研究和进展状况,包括他人的研究成果,已经解决的问题,还有哪些问题尚未解决或留下的技术空白,并在此基础上提出解决问题的新方法、新思路。作者通过了解国内外研究现状和发展趋势,可以为自己开展课题研究提供必要的理论依据,在他人研究成果的基础上进行更加深入的探索研究,避免不必要的重复工作。另外,通过研究现状还可以考察论文作者是否阅读了大量的相关文献,了解相关领域的研究前沿,所选课题有何创新之处,对现实有何指导意义。

对研究现状的评述是论文的前期工作。研究者在选定研究方向之后,首先要做的是大量阅读相关主题的参考文献,然后对原始研究论文中的数据、资料和主要观点及时进行归纳整理、分析判断,从而全面了解该课题的最新理论、观点、技术水平和进展。除此之外,研究者还要对他人的研究成果和观点提出自己的见解和看法。此部分的内容要兼顾"叙述"与"评论",不应该只是堆砌罗列文献的内容。它建立在前人研究的基础上,但同时研究者要从前人的研究中寻找到可信的证据,建立自己的论据,从而将一个论题推向前进。

研究现状在论文中有两种结构安排:一是出现在绪论里;二是在绪论之后单独列为第2章,成为文献综述。如何安排可以根据导师或学位授予单位的统一要求来决定。文献综述和研究现状在学位论文中所起的作用基本上是一样的,其具体的写作要求可以参考本书中的"文献综述"这一章。

研究现状和研究背景是有区别的:研究现状主要涉及的是相对具体的研究人员、观点和成果,关注的是微观层面;研究背景所涉及的是课题的缘由和现实意义,关注的是宏观层面。下面我们通过从两篇论文中节选的介绍研究现状的例子来具体分析其写法。

【例5】

文献[26]在介绍模糊聚类分析理论基础上,提出了一种电能质量综合评估方法。该方法首先采用隶属度函数得到各个监测点的单项指标隶属度,形成矩阵,而后得到其模糊等价矩阵,最后由动态聚类图得到各个监测点电能质量的优劣分类和排序。该方法考虑了用户所需要的指标的综合影响,得到直观的评估结果,并能在不同置信水平下给出电能质量所处的水平等级。

上例通过引用文献[26],向读者简要介绍了一种电能质量综合评估方法和根据此方法得到的各个监测点电能质量的优劣分类和排序,并给出了作者对此研究方法和结果的评价。

【例6】

在理论研究方面,新加坡南洋理工大学建立了低压电力线宽带载波(1MHz,10MHz)通信测试平台,能实时改变电力线信道的衰减、阻抗等参数,实现信道的模拟[5]。塞萨洛尼基亚里士多德大学建立了室内配网模型,适合室内窄带电力线载波通信传输特性的分析[6]。……

×××电力公司建成国内首个低压电力线载波通信现场评估台区,评估载波通信产品性能,优点是可以保证完整模拟现场所有影响载波通信的各种因素,但缺点就是灵活度不高,不能给出信道适应性的定量指标。

上例通过引用文献[5]和[6],分别介绍了国外新加坡南洋理工大学的低压电力线宽带载波通信测试平台和塞萨洛尼基亚里士多德大学的室内配网模型,并说明这两种方法的应用范围。随后列举出国内×××电力公司建成的国内首个低压电力线载波通信现场评估台区,并指出其优缺点。从行文中可以看出,作者紧紧围绕"低压电力线载波通信"这一研究主题,分析了国内外在这一领域的现状和存在的问题。

由此可以看出,在介绍分析相关文献资料后,作者会总结出现有研究的一些不足之处,或是还存在有待进一步完善改进的方面,这些问题也将是论文作者在之后的章节中详细探讨并准备解决的问题,也是研究的重点和创新点。

【例7】

总体来讲,现有的电能质量综合评估方法中,虽然在某些方面提高了综合评估结果的准确性及其评估速度,但还存在着一些不足之处,主要包括以下几点:

(1)……

(2)……

(3)……

显而易见,上例通过对"现代电能质量综合评估方法"这一研究现状的阐述,归纳总结出现有的电能质量综合评估方法的一些优点,同时也发现了一些不足之处。而这些新的问题也正是论文所要解决的问题。

【例8】

通过对国内外研究成果的分析,可以发现:大量信道模拟的探索仅仅出于理论研究,或缺乏实际现场数据的支持。如果能结合现阶段低压用户用电信息采集低压载波技术规范,在不同特征的低压环境进行大规模测量,并在此基础上,建立模型,开发出相应的软硬件,最终提出一套切实可行的信道模拟方案,将具有非常重要的现实意义。

例8在介绍完研究现状之后,指出了信道模拟的局限性,并提出了论文的研究方向,即现场采集数据,建立模型,得出切实可行的模拟方案。

总而言之,研究背景和意义主要是说明研究的重要性和必要性,而研究现状则是对学术观点和理论方法归纳整理后发现新问题、新方向。

5.2.3 论文的主要内容和结构

由于绪论在全文中起着引导、铺垫的作用,因此在介绍分析完研究背景和研究现状之后,绪论中还要简要介绍整篇论文的主要内容,以便让读者了解全文的概貌。

【例9】

本论文以大规模风电接入电力系统的备用决策为研究课题,在当前国内外相关领域的理论科学研究和实践应用基础上,对备用容量的确定方法及模型进行研究,并着重考虑影响系统备用容量的随机不确定性因素及其特征,探讨发电调度模式以及考虑双侧备用调度的备用容量模型和方法,为制定适应大规模风电接入电力系统的备用需求准则提供理论指导和借鉴依据。论文主体从以下几个方面进行研究:

1. 风电功率随机性和波动性分析
2. 多场景概率机组组合表达和模型建立
3. 对发电侧和用户侧备用联合优化进行研究

在上例中,读者可以通过快速浏览清楚地了解论文所包含的主要内容,研究的逻辑顺序。如果读者对此感兴趣则会进一步阅读全文。

对于论文主要内容和结构的写作有两种方式:一种是在完成正文的写作之后再写,这样做不会出现逻辑混乱的问题。另外一种是按照顺序写,然后在写完正文之后进行必要的修改。论文作者可以根据自己的情况灵活掌握。

5.3 绪论的写作要求

学位论文的写作不同于文学创作,在写作上往往会遵守一定的规范,各学位授予单位也会对论文的格式与内容提出一定的要求。这些要求会因学校和学科的不同而有所差异,但总体来讲,绪论的写作需遵循以下几点。

(1)开门见山,言简意赅

对问题的提出要直截了当,简明扼要,避免过多的铺垫。论文的写作目的不是像教科书那样给人们普及科学知识,因此不要用大量的篇幅重复解释教科书上已有的基本知识、原理或本研究领域中人们已形成共识的常识性内容。

(2)题目新颖,主题明确

论文的最终目的是为了突出自己的研究成果,因此在选题上要有一定的创新性和鲜明的主题。如果重复他人的研究工作不仅失去了研究意义,甚至还会有剽窃他人作品之嫌。

(3)科学规范,条理清楚

名称、术语、公式、图表、缩略语的使用以及文献的标注要严格按照《学位论文编写规则》的要求统一规范。语言表述要有一定的逻辑,要从读者的角度去考虑有没有遗漏,问题是否讲清楚了。

(4)综述文献,重点突出

要采用和选题紧密相关、有权威、有代表性的文献,围绕主题,对文献中的观点、成果给出自己的看法和评价。对引用的文献一定要认真阅读,争取理解文章内容。不要为了凑字数而大量堆砌罗列文献内容,也不要盲目照抄别人引用过的文献。

5.4 绪论写作中的常见问题

在硕士研究生学习期间,有些学生在导师的指导下已经在学术期刊上发表过一些论文,这对后期写毕业论文是有帮助的。但是,由于学位论文内容涉及较多,写作时间较长,对于缺乏论文写作经验的学生来说,在绪论的写作中往往容易出现以下一些问题。

(1)绪论中缺少主题陈述句

在绪论中应该有一句话来简要概括全文主旨,这句话就是主题陈述句(thesis statement)或论文观点。它通常出现在第一段的结尾部分。在《低压电力线载波通信信道阻抗和衰减特性的研究》这篇论文中,作者通过下面一句话清楚地表明了论文的研究对象、研究目的、拟解决的主要问题和拟取得的主要成果:"用电信息采集系统低压载波检测平台研究主要针对现阶段低压载波产品缺乏有效且规范的检测方法这一状况而设立,目标是建立低压电力线载波通信模拟与测试平台,实现对低压电力线载波通信产品的性能测试,最后形成适应我国低压电力线通信环境的载波通信性能评价规范或标准。"

主题陈述句的作用类似于论文标题。如果说论文标题起到的是画龙点睛的作用,那么主题陈述句就好比是领头羊,它用完整的句子将整篇文章的灵魂呈现给了读者,它用严谨的文字高度概括了长达数十页论文的要点,使整篇文章能够围绕中心来展开。绪论中如果缺少了主题陈述句,就会让人有群龙无首的感觉。

(2)绪论中部分内容的语言表述与摘要、结论雷同

由于 word 等文字处理软件提供的便利,有些作者会将摘要、绪论和结论中的语言相互拷贝,导致文字的不断重复。虽然绪论中涉及的研究目的和方法以及可能达到的结果会和摘要和结论的某些内容一致,但是在叙述过程中应避免用完全一样的文字来重复表达。尤其是在绪论中不应该说出具体的结论是什么,如"本文针对……进行了深入的研究,形成了一套……模拟方案"。事物的发展都有先后顺序,做研究亦如此。因此,在文字的表述上要体现出研究工作的先后次序。

(3)文献缺乏代表性、权威性

文献检索工作是一项实践性和经验性很强的工作,需要充足的时间去完成。如果文献检索的方法不科学就有可能漏检一些重要的文献。有时作者为了赶时间而没有认真查阅文献资料就很可能造成所搜集的资料不是本领域内最新的研究成果,这样就会使自己的研究失去意义。另外,为了突出自己研究方法的优点而对他人的工作总结断章取义也是不可取的。

(4)绪论中出现了论文主体部分内容的图表或数学公式的推导与证明

具体的实验方法、步骤、公式推导、图表、模型建立、结果分析都是论文主体中出现的内容,不需要在此展开讨论。

(5)背景交代长篇赘述,重点不突出

在介绍选题背景时,有些作者习惯从宏观面开始谈起,而非直入主题。比如"进入 21 世纪以来,随着我国国民经济和科学技术的快速发展,电力工业的可持续性发展受到越来越多的重视,我国电力工业正从大机组、超高压、西电东送、全国联网的发展阶段,向绿色发电、特高压、智能电网的发展新阶段转变"这样的大背景叙述,很难让读者知道这篇论文的选题是有关"风电"的。

(6)为了追求"创新",夸大研究成果

一项研究成果的价值,自然会有公论,大可不必在文中自我宣扬。在评价研究的价值时要本着实事求是的态度,而不要夸夸其谈,使用"处于国内领先水平""有很高的学术价值"等夸张的自我评语。我们知道,硕士学位论文甚至是博士学位论文通常都是在导师的指导下完成的,能有自己的创新点已属不易。如果论文真的达到了国内外领先水平,论文作者将会成为该研究领域的领军人物。根据全国信息与文献标准化技术委员会制定的《学位论文编写规则》(GB/T 7713.1－2006),对硕士和博士论文均没有要求一定要达到领先水平或填补某项空白。对硕士论文创新性的要求应该理解为作者对所研究的课题有自己"新的见解"或者是"新意",而对博士论文则是要求"在科学和专门技术上做出了创造性的成果,并且有独立从事创新科学研究工作或独立承担专门技术开发工作的能力"。

由此可见,在工科类论文中,创新往往是建立在原有的研究基础之上,对已有的实验方法、模型或算法的改进或补充,或是用已有的方法对一个新的问题进行分析,这种创新我们把它叫做集成创新。

凡事开篇难度最大,绪论的写作亦是如此。简要归纳起来,绪论就是要说明:论文的灵魂是什么,要研究什么问题,研究该问题的现实意义和价值所在,别人对相关研究已经做了什么工作,有什么不足或值得改进的地方,研究的理论基础是什么,采用什么方法研究,拟取得什么样的结果,论文是什么样的结构。以上诸问题如果在绪论里都讲清楚了,论文后续的内容组织起来就会自然顺畅,作者也会感到写作时得心应手。

第6章　论文主体的撰写

论文主体是学位论文的主要部分，位于绪论之后，结论之前。有人将论文主体称作“正文”或“论证章节”，本书采用的是“论文主体”这一术语，并将学位论文的主体结构简化为绪论、论文主体、结论三部分内容。

2007年9月，国务院学位委员会、教育部、人事部联合开展了新中国成立以来规模最大的研究生质量调查工作，在后期完成的调查报告中指出：我国部分研究生学位论文与国际水平相比仍存在较大差距，突出表现在：论文选题较为空泛；研究问题不够聚焦；对具有深度和难度的重大问题的研究偏少；文献综述分析评论不足；论文表述的严谨性、论证的逻辑性不强；原始创新薄弱。特别值得关注的是，原始创新不足是我们与西方发达国家博士学位论文的最大差距。（马玲，2013：11—15）主要表现为一些工科类研究生在论文主体部分写作中只会描述具体的实验工作，罗列大量的实验数据，而缺乏深入的理论分析以及与前人成果的对比，导致整个论文的主题不明显，结构不缜密，内容不突出。

6.1　论文主体的作用及内容

一篇优秀的学位论文会通过各个章节的内容向读者展示出课题研究的价值所在和论文的深度。写好论文主体首先要充分了解论文主体的作用和内容。

6.1.1　论文主体的作用

如果说绪论的作用是提出问题，那么论文主体部分的作用就是分析问题和解决问题。论文主体是研究过程的反映，是最能显示作者的研究成果和学术水平的部分，也是衡量研究生培养质量的最重要指标。在这一部分里，作者不仅要说明自己的研究是“怎么做”的，还要分析“为什么这么做”，要通过实验、计算、演绎和论证向读者证明自己的研究方案是可行的、结果是有效的，而不是凭空想象、空穴来风。

6.1.2　论文主体的内容

不同学科类别的论文写作在内容上会有很大的差别。而同类学科类别的论文因研究对象和研究方法的不同也会有所差别,因此,对论文主体部分的写作不可能形成统一的规定。就本书所涉及的大电力学科研究生学位论文来讲,其论文主体部分的内容主要包括:调查对象、实验和观察方法、仪器设备、材料原料、实验和观察结果、计算方法和编程原理、数据分析、经过加工整理的图表、结果与讨论等。例如,在《基于乙二酸的分子印迹型吸附剂捕集 CO_2 的实验研究》这篇论文第 2 章“分子印迹型 CO_2 吸附剂的制备”中的“实验部分”内容为:

1.仪器与试剂

2.分子印迹型 CO_2 吸附剂的制备步骤

3.分子印迹型 CO_2 吸附剂的表征

4.分子印迹型吸附剂的 CO_2 捕集实验

在“结果与讨论”中的内容为:

1.模板及其洗脱方式

2.功能单体

3.交联剂

4.溶剂

5.引发方式

在讨论完实验结果后,论文给出了“分子印迹型吸附剂 CO_2 捕集能力的验证”,这部分内容是对结果的进一步升华:

1.分子印迹型吸附剂 CO_2 吸附能力的理论验证

2.分子印迹型吸附剂的 CO_2 捕集实验

在论文主体写作过程中,一般情况下,调查对象、实验方法、仪器设备、材料原料的描述相对简单,而对实验所得的数据和结果的分析出现的问题相对多一些。有些研究生在课题上取得了很好的研究成果,但最终却因缺乏分析论证将学位论文写成了“结题报告”或者“试验报告”,其成果的创新性或学术的前沿性更无从谈起。

一篇合格的学位论文应该对实验条件、使用的设备等客观原因作背景说明;对观察到的事实或收集到的数据有充分的解析;对自己实验所得数据和他人的数据进行对比分析;应当能为得出合理结论扫清障碍、铺平道路,使结论水到渠成。

对于论文主体部分的写作要求有三点:一是主题明确,论证充分;二是结构严谨,条理清楚;三是观点和材料相统一。

6.2 论文主体的三要素

在学位论文主体中,研究方法是基础,研究结果是核心,而结果的分析与讨论是关键。研究方法是对研究过程的具体陈述,重点回答研究过程所涉及数据的收集方法及其处理和分析方法;研究结果是论文主体的最重要部分,需要予以重点阐述,对得出的结果要进行分析和讨论,要指出所取得结果对现有研究的贡献及其局限性,回答所取得结果与现存理论和研究成果的关系,由此体现整个论文的独特性和创新性。为了实现上述目标,建议研究生在写作过程中重点考虑以下三个方面:主题的灵魂性、结构的逻辑性和方法的科学性。

6.2.1 主题的灵魂性

论文的主体部分即论文主体通常约占研究生论文三分之二的篇幅。因此,在绪论提出论文研究背景和回顾国内外研究进展基础上,论文主体部分写作的第一步是明确主题。

主题是学位论文的灵魂或统帅,是研究生在论文主体中需要解决的核心问题,明确主题的内涵是工程类学位论文行文的首要任务。在写作中,主题思想需要渗透并贯穿于论文主体的全部内容,从而体现写作的主要意图和作者对客观事物的认识、理解和评价。简单地说,论文主体部分的写作一定要"切题"。

一篇合格的学位论文要主题明确,也就是说只能围绕一个主题来写,不要出现两个或更多的主题。只有在主题思想明确后,才能将已有的理论方法、实验数据及研究结果等具体问题展开深入、系统的分析讨论,取得有价值的研究成果。

《中华人民共和国学位条例》指出我国研究生教育的目的是培养学术型或专业型人才,并分为硕士和博士两个阶段。长期以来,鉴于国家学术型人才缺失以及指导教师能力限制等诸多主客观原因,两个阶段的研究生教育均以培养学术型人才为主要任务。随着国民经济快速发展对技术开发与推广等应用型人才需求不断上升,国内也模仿欧美等发达国家设置了专业学位。

我国从1991年开始实行专业学位教育制度,经过二十多年的发展,已基本形成了以硕士学位为主,博士、硕士、学士三个学位层次并举的专业学位体系。学术型研究生的研究内容一般以基础研究和应用基础研究为导向,侧重理论分析和实验研究,旨在培养具有学术创新能力和科学研究能力的大学教师和科研机构研究人员。与理学类研究生侧重基础研究不同,工程类学术型研究生通常是应用已有的理论知识,重点开展实验研究和数值模拟。广义上讲,数值模拟也是一种在计算机上完成的实验工作,为基础理论的工程化应用奠定基础,或者对已有的应用型理论进行补充或完善,为工程技术的实施提供基础数据。研究生专业学位以专业实践和应用研究为导向,重点培养在专业和专门技术上的高层次人才,为工程项目的筹划和实施提供理论依据和实践经验。获得专业学位的毕业生从事的是具有明显职业背景的工作,如工程师、律师、会计师等。

鉴于学术型硕士和专业学位型硕士在培养目标上的不同,在构思论文时作者应明确学位论文的归属,把握相应的主题思想。要考虑自己是在做学术型还是专业学位型的研究课题。学术型学位论文的内容主要在于阐述理论和原理,论文中的案例分析旨在说明所研究的新理论新方法的有效性和适用性。专业型学位论文的重点则是应用理论方法分析问题和解决问题,论文中的案例旨在说明工程应用价值及效果。

论文中主题思想可以通过显性或者是隐性的方式表达。也就是说,主题既可以通过语言直接表述,也可以通过章—节之间逻辑结构的谋划或布局来实现。无论采用何种形式,在学位论文撰写过程中都要时刻注意"主题是学位论文的灵魂"。任何一个关键词的确定都要体现主题内涵,任何一句话或一段文字的写作都要紧扣题目,任何一种表述的选择都要服务主题。因此,在学位论文的撰写过程中,一定要学会"舍弃",尽管在论文研究阶段尝试了不同的理论方法或数学模型,完成了大量的相关实验,但是,在论文主体撰写过程中必须学会选择性地"放弃"与主题无关但也可能是"重要"的内容。只有忍痛割爱,才能够凸显主题。相反,轻则冲淡主题,重则失去主题。下面节选两例论文的论文主体部分做具体分析。

【例 1】

第 2 章　电能质量分析仪谐波无缝采样分析

第 3 章　谐波分析间隔采样对实际测量影响的量化分析

第 4 章　电能质量分析仪其他检定项分析

第 5 章　电流互感器传递特性对电能质量测量的影响

从例 1 中各章的标题可以清楚地知道论文主体部分的主题是电能质量的测量,各章内容围绕这一主题展开。第 3 章的标题中虽然没有出现"电能质量"这一关键词,但是从"谐波分析间隔采样对实际测量影响的量化分析"的表述中隐含了是对"电能质量的测量"。

【例 2】

第 2 章　供电风险元传递的理论基础

第 3 章　层式结构的供电风险元传递优化模型及应用

第 4 章　网络结构的供电风险元传递优化模型及应用

第 5 章　供电相关项目的风险元传递优化模型及应用

从以上例子的各章标题中可以清楚该论文的核心关键词是"供电风险元",论文的主题是"供电风险元传递优化模型及应用"。论文主体部分先说明供电风险元传递的理论基础,在随后的两章分别说明两种不同结构的供电风险元传递优化模型及应用。在分析了两种不同结构的供电过程中风险元传递的基础上,论文主体的最后一章针对供电相关项目的风险元传递优化进行了具体分析。

以上两个例子的主题均十分明确，这样就会为一个结构清晰、逻辑严谨的论文奠定基础。

6.2.2　结构的逻辑性

在学位论文的主题明确后，就需要根据研究课题特点设计一个结构合理与层次清晰的基本框架。良好的文体结构会使文章的组成要素、各部分、各层次的关系一目了然。由于硕士论文和博士论文多达数万字，这么长的篇幅在内容和结构的安排上会有一定的难度。《学位论文编写规则》(GB／T 7713.1—2006)指出："由于研究工作涉及的学科、选题、研究方法、工作进程、结果表达方式等有很大的差异，对正文内容不能作统一的规定。但是，必须实事求是，客观真切，准确完备，合乎逻辑，层次分明，简练可读。"在学位论文评审或答辩评语中有一个不可忽略的内容是对论文结构进行评价，一篇合格的学位论文要做到结构合理、逻辑严谨和层次清晰，其中论文结构是否合理主要体现在论文主体章节的撰写中。

合理的结构需要有严密的逻辑来组织，而逻辑的严密则需要通过合理的结构来体现，这两者都与主题密不可分。主题可以说是学位论文的"灵魂"，结构是"骨骼"，逻辑体现结构和内容的布局，是学位论文的"脉络"。采用严密的逻辑构建及表达主体结构，清晰地向读者展示达到目标的路径和解决问题的思路，将会提升论文的质量。硕士学位论文主体部分通常按"章—节"结构进行组织安排。博士论文篇幅较长，除了采用"章—节"结构外，还可以将内容相似的几章归纳为一部分，例如，第一部分"理论分析与推导"(一章或几章)、第二部分"实验研究与结果"(通常为几章)和第三部分"工程应用案例"(一章或几章)，由此形成了"部分—章—节"的结构形式。从逻辑关系来看，学位论文可以采用总分结构或递进结构。

总分结构是将论文的主体部分分为总论与分论，在哲学上是一般与特殊(或共性与个性)的关系，这种结构可以形象地比喻为"树状结构"。其中总论部分就像树的主干一样，主要介绍共性问题、共性理论、基本原则和共性结论；分论部分如同树枝，形成相互之间的并列关系，重点从不同方面阐述具体问题、具体方法和特殊情形等内容。通常采取总论部分在前而分论部分在后的结构形式，但对于归纳总结型的论文，则可以采取相反的结构。无论采用什么顺序，都要清晰地划定总论与分论之间的界限，不能混淆，更不能互相穿插。

递进结构是运用递进思维方法而形成的一种写作思路。它按照由浅入深，由表及里，由轻到重，层层递进，循序渐进的研究思路从空间、时间或一定逻辑关系组织整个论文主体的各章内容，就像"登山"一样，围绕论文主题层层攀升，步步逼近，直到取得论文的最重要成果(到达山顶)。运用这种方法可以深入清晰地阐述某些比较复杂的事物，有助于深刻认识事物的本质属性。需要指出的是：采用递进结构时，各层次之间要环环相扣,不能随意调整、中断。如果各章之间采用的是递进结构,则每一章内节与节之间是递进关系还是并列关系,需要根据该章的内容而确定。

论文主体的安排必须遵循一定的逻辑,因为逻辑是论文主题的组织形式,是论文作者表达思想和观点的手段和技巧,它要服从主题,服务主题。相同主题的学位论文,可以采用相同或相似的逻辑形式,也可以是不同的逻辑形式。严谨的逻辑结构可以清楚地表达主题,实现论文的目标,给读者一种赏心悦目的感觉;相反,混乱的逻辑结构,既不能表达论文的主题,也难以实现论文的目标,使读者如同雾里看花,不能及时把握论文重点。

逻辑结构的设计从另一个侧面也反映了论文作者的学术素养和文字功底。对于硕士论文可以根据各自特点或者采用总分结构,或者递进结构;对于研究内容比较庞大的博士论文,则可以采取两者的组合形式。学位论文的写作本身就是一种创作过程,相同或相似主题的研究内容,可以采取固定格式的"八股文"逻辑思路,也可以采取自己独创的格式。但是,只有逻辑严密的结构体系,才能有效地展示论文的主题思想。总之,无论采用什么结构组织论文的主体部分,"结构合理、逻辑严谨和层次清晰"是唯一的判断标准。以下一些共性知识可供参考:

(1)在采用"章—节"结构或"部分—章—节"结构中,分级层次最好控制在 3 级或 3 级以内标题,分级层次过多(如 3.2.5.1.4)将会导致学位论文支离破碎。

(2)标题最好是名词或名词性短语,一般不是一个句子;标题仅用来确定本部分的研究对象或研究内容,最好不要表达作者的观点;标题要简洁明了,一针见血,切忌冗长乏味;各级标题最好或明或暗地体现论文的主题思想或关键词;同一层次的各标题应相互协调。

(3)段落尺度要控制在适宜的范围内,段落过长(如一个自然段 1 页以上)一般很难让读者快速捕捉到本段的中心及其内在的逻辑关系;而段落过短(如仅有 1 句话)也要慎重,只在非常重要或必要的情况下予以采用。

(4)既要对论文中的每一句话仔细推敲,反复修改,避免信口开河,夸大其词,更要对论文相关部分"瞻前顾后",考虑其内在逻辑关系,达到严谨简明,前呼后应。

(5)相对于华丽的词藻,工程类学位论文更看重的是论文主题的表达是否准确流畅,内容是否清晰严谨。此外,名词术语的学术化和规范化需要引起高度重视。

6.2.3 方法的科学性

自然科学的发展历史揭示了人类科研活动的基本思路,也指出了学术研究需要遵循的科学方法。工程类课题的研究方法主要包括实验观测法、理论解析法和数值计算法三种,在论文写作过程中需要根据各自特点行文走笔。

(1)实验观测法

实验观察是近代科学的首要研究方法。早在17世纪初,英国著名的唯物主义哲学家和科学家弗兰西斯·培根就系统地提出了实验研究方法,并指出"科学是实验的科学";英国伟大的思想家、哲学家约翰·洛克也认为,一切知识最终都来自于经验,它们或者是感觉直接给予我们的,或者是过去的感觉给予我们的观念的复合;在电学和磁力学方面做出伟大贡献的威廉·吉尔伯特则更是强调实践经验,认为只有通过实践才能直接研究自然,知识来源于经验而不是直觉或推测。(张礼建,郑荣娟,2004:74—77)

从本质上讲,实验和试验这两个概念是不同的。实验是实验室的验证活动,它通过严格的设计方案,验证某一理论或假设,观察了解某一现象或结果,而这一现象和结果是成熟的、可知的;而试验则是具有创新、探索、尝试性的实践活动,其现象和结果是事先未知的。(张建设,2009:50)但在具体的实践活动中,实验与试验具有形式相同的特征,因此在论文中可以被认为是同类。该类型论文需要阐明如何做实验(或试验),做出了什么,有什么结论,具体包括实验(或试验)对象、采用的设备和方法以及实验(或试验)结果等主要内容。

(2)理论解析法

理论分析是通过理性思维认识事物的本质及其规律的一种科学分析方法,是判断"基础理论的宽厚度和坚实度以及专门知识的系统性和深入性"的重要指标。学位论文与试验报告最重要的区别是需要有必要的理论分析,研究生在论文写作过程中需要运用所掌握的专业知识对研究题目进行科学的、严密的理论分析,阐述自己的见解或推论,提出解决问题的具体方法。

对于采用本领域成熟理论或以实验为主的论文而言,可以将基本理论或基本原理穿插在实验数据分析和结果讨论中,这样既可以起到画龙点睛作用,也可以避免为了满足学位论文对字数要求的限制而大段抄录教科书中现成的基本理论和原理。需要提醒的是,大段抄录教科书中成熟的理论,将会给论文评审人和读者造成"基础理论不够坚实宽广和专门知识不够系统深入"的判断。

(3)数值计算法

数值计算方法是以各类数学问题的数值解法作为研究对象,并结合现代计算机科学与技术为解决科学与工程中遇到的各类数学问题提供算法,它是平行于科学实验和理论分析的重要科学研究手段。数学对近代自然科学、社会学和现代科技的发展都起到了不可忽视的作用。数学方法是定量描述客观规律的一种简明精确的形式化语言,也是科研工作者首要掌握的科研方法。对理工科学生来说,掌握科研中的数学方法对其在未来从事科学研究与工程设计意义重大。

电力类研究生模型类论文的主题或灵魂是“模型”两字，主要包括如何建立新的模型或改进或完善已有的模型，如何求解模型或者改进求解方法，得到了什么结论，以及如何验证新模型或改进模型的可靠性及有效性或者模型求解方法的先进性。具体写作内容可以按照数学模型、求解方法、计算结果及模型验证等思路来安排。但是一些模型本身就没有理论解析解，或者由于现有理论水平限制及模型参数短缺而无法获得其解析解，只能将复杂模型进行必要的合理简化，在模型求解过程中引入经验或半经验参数的计算公式，以满足模型封闭的需要，由此诞生了数值模拟计算方法。随着计算机内存容量和计算速度的不断发展，数值模拟已成为研究生课题研究的重要方法之一，这类论文则需要用大量的模拟结果来佐证模型的新颖性、精确性或可靠性。

数学和实验的结合是近代科学研究方法的最显著特征。实验方法作为检验认识事物的标准，保证了经验科学的确定性；数学方法又保证了科学的精确性。伽利略的实验—数学方法同时实现了经验科学的确定性与精确性，已成为近代科学研究中的一般程序和经典方法。牛顿在实验—数学方法基础上，吸收了亚里士多德归纳—演绎方法的合理性，实现了归纳—演绎法与实验—数学方法的综合。他还把实验—数学方法分为三个主要步骤：首先通过实验对观察现象进行化简，其次是借助微积分对实验化简后的现象进行阐述，再次进行严格的实验来证实最终的结论。(张礼建，郑荣娟，2004：74—77)目前，工程类研究生也有大量这种类型的论文。

总之，学术性研究生论文的论文主体部分应包括理论分析和实验研究以及两者的有机结合，而专业性论文的论文主体部分则需要体现实验研究的创新性及其成果在工程实践中的应用效果。当然也有一些工程类研究生论文既有理论分析和实验研究，也有工程应用实例，体现了三者的完美结合。

6.3 论文主体结构案例

研究生在撰写论文主体部分之前，需要根据自己研究课题内容的特点，精心安排整体逻辑结构，突出论文主题的灵魂性。其中理论分析是学位论文的基石，是判断一个研究生“基础理论的宽厚度和坚实度以及专门知识的系统性和深入性”的重要指标，需要引起高度重视。对于工程类学位论文，理论分析一般不作为单独的一个章节，通常贯穿于整个论文，渗透在字里行间。以下就实验、模型及实验与模型相结合的三种类型论文进行案例(为了内容简洁，省略部分小节标题)分析，可供读者在写作过程中予以参考。

6.3.1 实验类论文

对于实验型或以实验为主的工科类研究生学位论文的论文主体部分，首先需要围绕论文主题思想设计所需要的研究平台，开展大量的相关实验研究，获得充足的实验数据，采用正确的数据分析或处理方法，对实验数据进行理论分析与探讨，并给出正确的结论。

在论文写作过程中，实验数据的可靠性和准确性是基础，既要详细说明实验中所采用主要仪器或设备的性能、精度、可靠度等，也要给出实验材料的来源、性质和数量，同时需要指出数据处理方法的合理性，在资料的取舍上不应该随意掺入主观成分或妄加猜测，但需要重视偶发性现象和数据的必然性或内在原因，确保所提供实验数据具有重复性或再现性，同时要清晰地用曲线或表格等形式展示给读者。实验结果及其分析是论文的关键部分，也是判断创新性科学与否的主要依据，需要给出实验结果并对结果进行定量或定性的分析，要掌握“舍得”尺度，必须压缩或删除众所周知的一般性道理的叙述，指出自己的成果与前人成果或观点的异同。相同之处需要注明出处，改进前人的则需要说明改进之处，关键是如何突出自己研究结果的创新性。请看以实验为主的论文实例。

【例3】

第2章　分子印迹型 CO_2 吸附剂的制备

2.1　引言

2.2　实验部分

2.3　结果与讨论

2.4　分子印迹型吸附剂 CO_2 捕集能力的验证

2.5　本章小结

第3章　分子印迹型 CO_2 吸附剂吸附性能的研究

3.1　引言

3.2　实验部分

3.3　结果与讨论

3.4　本章小结

第4章　硅胶表面印迹型吸附剂 CO_2 吸附性能的研究

4.1　引言

4.2　实验部分

4.3　穿透曲线模型

4.4　结果与讨论

4.5　本章小结

该论文以“基于乙二酸的分子印迹型吸附剂捕集 CO_2”为主题，以开发“新型燃煤电厂烟气 CO_2 吸附剂”为目的，主要采用实验的方式进行研究。从研究内容来看属于递进结构,从第 2 章吸附剂“制备”到第 3 章“性能评价”再到第 4 章“性能改性”,并且在每一章中都有实验部分。“吸附剂对 CO_2 捕集能力”是本研究重点,论文在 2.4 进行了理论和实验验证,佐证作者研究方法和实验结果的可靠性和有效性。理论分析(穿透曲线模型)穿插在 4.3 中,对主要的实验研究内容起到了很好的理论支撑。第 4 章结果与讨论中提出了“CO_2 捕集技术的工艺方案”,实现了开发“新型燃煤电厂烟气 CO_2 吸附剂”的目的。

【例 4】

第 2 章　微燃烧实验系统

2.1　实验台的设计

2.2　催化剂

2.3　单管反应器

2.4　回热式燃烧器

第 3 章　Pt 催化剂在正丁烷催化反应中的作用

3.1　正丁烷在 Pt 催化剂上的催化反应实验

3.2　Pt 作用下正丁烷催化着火的实验研究

3.3　本章小结

第 4 章　单管反应器中正丁烷的氢气辅助催化着火

4.1　正丁烷氢气辅助催化着火的实验研究

4.2　正丁烷的氢气辅助催化着火的数值模拟

4.3　本章小结

第 5 章　回热式催化燃烧器中的实验研究

5.1　正丁烷在回热式催化燃烧器中的燃烧特性

5.2　催化剂布置和氢气掺混对催化燃烧的影响

5.3　本章小结

该论文以“正丁烷微尺度催化燃烧”为主题,探讨“正丁烷在微尺度下的催化着火和催化燃烧特性”,主要采用实验的方式进行研究。从“实验设计”(第 2 章)到“具体研究内容”(第 3 章到第 5 章),每一章都与实验有关。章与章之间采用的是递进结构,每章之内节与节之间采用并列结构。本领域学者都了解“着火”是“燃烧”的极其重要的前提,论文不仅在“题目”中直接点出,而且在第 4 章予以重点介绍,既可以体现作者扎实的理论基础,也展示了该论文的研究深度。

将非重点部分(理论分析和数值模拟)穿插于论文主体部分中,对主要的实验研究内容起到了很好的补充或完善作用。最后一章研究了“正丁烷 Swiss-roll 在回热式催化燃烧器中的燃烧特性及催化剂布置等的影响”,达到了论文研究目标。

6.3.2 模型类论文

数学模型类或以数学模型为主的工科类研究生学位论文,首先需要根据研究对象的时空特征,采用高等数学、相关专业基础课和专业课的概念、方法和理论进行深入系统的分析和研究,建立反映问题(工程问题、物理问题等)本质的数学模型,然后进行合理的简化并进行分析或数值求解,其模型准确性及数值方法可靠性往往需要经过相应的实验验证,方可进行有条件的拓展或延伸。所谓数学模型,必须能够真实地、系统地和完整地反映客观事物或现象的本质,具有代表性。同时,作为一个合理的数学模型也应该具有简明实用的特征,即最大限度地反映事物或现象的内在本质及其相互关系,并最大程度地剔除非本质和对客观真实影响不大的因素,使模型在满足一定精度的条件下尽可能地简洁明了。

此类论文的灵魂是"模型"两字,重点是:如何建立或完善模型?如何求解模型或改进模型求解方法?如何验证模型可靠性或求解方法先进性?在论文写作过程中,确保所建立物理模型的准确性是基础,即如何采用数学符号和函数关系将研究对象整体、各部分及其相互关系客观准确地表达(或描述)为物理模型,尽管所需要表达的内容(输入)可以是定量的,也可以是定性的,但表达后的结果(输出)必须以定量的方式体现出来。对于相对简单或内涵与外延非常清晰的研究对象,则可以获得精确的数学解。然而,在实际的工程问题中,往往遇到的是呈现复杂耦合关系的对象或过程,有些时候其内涵和与外延也非常模糊,因此,需要在一定的约束条件下进行恰如其分的合理简化,构成封闭的数学模型,寻求高效率或高准确度的计算方法。鉴于上述不同阶段可能会引入或多或少的误差或失误,与纯理科类论文有所不同的是,工程类学位论文往往需要实验验证。请看以模型为主的论文实例。

【例5】

第2章 基础理论与技术方法

2.1 能源、环境与经济的协调发展

2.2 区间优化方法简介

2.3 熵权法理论基础

第3章 低碳经济发展碳排放控制指标体系的构建

3.1 低碳经济发展碳排放控制指标体系构建的意义

3.2 低碳经济发展碳排放控制指标体系构建的原则

3.3 低碳发展碳排放控制指标体系

3.4 本章小结

第4章 基于结构减排的低碳经济发展碳排放总量控制优化模型研究

4.1 基于结构减排的确定性碳排放总量控制优化模型建立

4.2　基于结构减排的确定性碳排放总量控制优化模型求解

4.3　基于结构减排的不确定性碳排放总量控制优化模型建立

4.4　基于结构减排的不确定性碳排放总量控制优化模型求解

4.5　本章小结

第5章　基于技术减排的低碳经济发展碳排放总量控制优化模型研究

5.1　基于技术减排的确定性碳排放总量控制优化模型建立

5.2　基于技术减排的确定性碳排放总量控制优化模型求解

5.3　基于技术减排的不确定性碳排放总量控制优化模型建立

5.4　基于技术减排的不确定性碳排放总量控制优化模型求解

5.5　本章小结

第6章　基于熵权法的碳排放量控制优化效果及验证

6.1　熵权法评价步骤

6.2　基于结构减排与技术减排的碳排放量控制效果综合评价

6.3　案例分析

6.4　本章小结

该论文以"低碳经济发展优化模型"为主题，以"低碳经济理论"为基础，以"碳排放总量控制"为目标，主要采用建立优化模型的方式进行研究。各章节的标题清楚地呈现出论文主体部分的逻辑结构，即"理论方法—模型构建—模型验证"完整的研究思路。

【例6】

第2章　模型预测控制的鲁棒策略及改进

2.1　引言

2.2　状态约束鲁棒控制策略

2.3　降低保守性的策略

2.4　仿真示例

2.5　本章小结

第3章　分布式模型预测控制的耦合关系研究

3.1　引言

3.2　电力系统的分布式控制

3.3　分布式 MPC

3.4　基于关联量逼近的分布式 MPC

第4章　模型预测控制算法的并行加速

4.1　引言

4.2　MPC 运算量分析
4.3　并行加速的实现
4.4　本章小结
第5章　模型预测控制与 PI 的融合方法
5.1　引言
5.2　传统控制结构
5.3　MPC 中引入 PI
5.4　非线性情况
5.5　仿真示例
5.6　本章小结
第6章　电力系统负荷频率控制
6.1　引言
6.2　现有的频率控制系统
6.3　基于 MPC 的控制策略
6.4　本章小结

上例以“电力系统高性能控制技术”为主题，对“模型预测控制的优化控制问题进行求解”，各章节标题内容显示了这是一篇以模型研究为主的论文。论文主体部分围绕“模型预测控制”这一核心内容展开，层层递进，形成了“模型构建—算法优化—案例验证”清晰完整的研究思路。

6.3.3　实验与模型兼顾类论文

随着计算机内存容量和计算速度的不断发展，实验和数值模拟的结合已成为研究生课题研究的重要方法之一。实验方法作为检验认识事物的标准，保证了经验科学的确定性，但是客观事物或现象的复杂性导致现有的技术水平或认知能力尚未达到了解其本质属性的程度，因此会产生一定的误差；采用数学模型方法可以保证科学研究的精确性，数值模拟方法可以减少实物实验的次数，缩短产品开发周期以及实现极端条件下的预报，但是模型表达及其求解方法对模拟结果准确性和可靠性均会造成一定的影响。实验和模拟相结合，则可以取长补短，互相验证，为工程技术的开发和应用提供更可靠的理论基础和重要数据。需要注意的是，尽管目前各种类型的工程类商业软件层出不穷，但商业软件并不是“万能”的，只有在掌握其基本原理的基础上，才能根据研究课题任务的需要，建立起合理的数学模型，从而针对性地开展相应的数值模拟，必要时还需要对现有商业软件进行完善或补充。

【例7】

第2章　流体力学理论模型描述

2.1 物理方程

2.2 单相湍流理论模型描述

2.3 气固两相流流体力学理论模型的建立

第3章 气固循环流化床提升管底部流场的实验研究

3.1 实验流程

3.2 实验装置与测点分布

3.3 提升管内气体单相流场的实验分析

3.4 气固两相流场的实验研究

第4章 循环流化床流场的数值模拟与分析

4.1 计算方法及计算域

4.2 求解过程

4.3 气相单相速度场的模拟

4.4 气固两相流场的数值模拟结果及分析

第5章 工业装置的流场预测

5.1 工艺流程

5.2 工艺参数的确定

5.3 流化床主要技术参数计算

5.4 数值模拟结果与分析

5.5 四喷口结构下的脱硫反应器流场预测

上例以“循环流化床脱硫反应器流动特性”为主题,以“参数优化”为目标,采用数值模拟和实验并重的方式进行研究。各章的标题清晰地呈现出论文主体部分的逻辑结构,即从理论模型到实验研究,再从数值模拟与分析到大型工业装置预测,层层递进,整体结构清晰,逻辑思路严谨。

【例8】

第2章 三相含率同时测量的电导探针技术及其改进

2.1 引言

2.2 测试原理

2.3 数据采集系统的硬件设计

2.4 斗数据采集前端程序的设计

2.5 数据处理

2.6 小结

第3章 气液固三流体湍流流动的 E/E/E 模型

3.1 引言

3.2　三相流体湍流流动的 E/E/E 模型
3.3　计算域与边界条件
3.4　三相流化床计算网格模型
3.5　数值求解方法
3.6　数值模拟结果分析
3.7　小结
第4章　气液固三相传统流化床局部含率的实验研究与数值模拟
4.1　引言
4.2　实验装置、流程、操作条件和物性及步骤
4.3　实验测试方法、数据采集及处理
4.4　实验结果与讨论
4.5　气液固三相传统流化床局部相含率的数值模拟
4.6　小结
第5章　气液固逆流三相湍动床流动特性的实验
5.1　引言
5.2　实验装置、流程、操作条件和物性及步骤
5.3　实验测试方法、数据采集及处理
5.4　实验结果与讨论
5.5　小结
第6章　气液固三相循环流化床流动特性的实验研究与数值模拟
6.1　引言
6.2　实验装置、流程、操作条件和物性及步骤
6.3　实验参数的测量及数据采集和处理
6.4　实验结果与讨论
6.5　气液固三相循环流化床局部相含率的数值模拟
6.6　小结

上例以“气液固三相流化床动力学”为主题，开展三种不同类型床层(三相流化床、逆流三相湍动床和三相循环流化床)的实验研究和数值模拟。各章节标题清楚地呈现出论文主体部分的逻辑结构，即总分结构。第2章和第3章分别阐述“共性的测试方法”和“数学模型及数值求解方法”，然后分并列的三章“三相流化床”(第4章)、“逆流三相湍动床”(第5章)和“三相循环流化床”(第6章)进行具体的实验研究和数值模拟。

论文主体是学位论文的核心组成部分，主要回答依据“什么理论基础”、采用“何

种研究方法”和取得“什么创新结果”。研究生在平时科研中需要注重理论知识积累，积极探索新课题，高度重视科研论文的撰写与发表，这样在撰写学位论文时就会得心应手。作为科研工作者，其研究工作的价值在于取得的研究结果，而取得有价值的研究结果又在于作者通过科学的方法进行实验、分析和解释并归纳出结论。论文主体的质量是体现研究生综合运用所学知识分析和解决问题能力的重要部分。优秀学位论文往往是围绕一个主题，采用准确的语言和严谨的逻辑结构来表达其创新价值，其目的是展示作者在本学科及相关领域基础理论的坚实度、专业知识的系统性和深入性以及独立开展科学研究的创新性等方面的实力和能力。

第7章　结论的撰写

学位论文中结论的写作方法与其他论文有所不同,本章将通过实例详细讲解电力类学位论文结论部分的内容和写作步骤。

7.1　结论的定义

结论(Conclusion)是指从前提推论出来的判断。学位论文的结论是学位论文最终的、总体的结论,应精确、完整。结论部分应着重阐述作者研究的创造性成果以及在本研究领域中的意义,还可进一步提出需要完善的问题和对今后工作的启示。

不管什么样的领域,一项研究完成后,一定会有一些信息需要读者去了解和学习。这些信息虽然一定会写在整个研究论文里,但是对于像学位论文这样长篇的论著,这些信息有必要在特定的某个部分很好地呈现,以便让读者清晰地了解,即学位论文的结论部分。

一般来说,最后的章节往往会给读者留下深刻的印象。这一部分的优劣对论文整体质量的评估也是非常重要的。在组织论文答辩的时候,参与答辩委员会的委员们,往往要同时阅读多篇论文,在这种情况下,着重看一个研究者的论文结论部分,根据这一部分的阐述来初步判定该论文的质量,就是很自然的事情。(文秋芳,2004:243)

因此,首先,在撰写学位论文的结论时,必须保证它真正起作用,而不是在某个点上突然转向开始讨论一个和主题不相关的内容。有些人会错误地认为结论部分是一个可以随意写的部分,这显然是错误的。

以下是学位论文和其他论文结论部分的不同:在学位论文中不仅全文要有结论,在每一章甚至引言和绪论部分都应该有小结。因为在写较长篇幅的论文时,有必要在进行下一个阶段之前,告诉读者作者已经完成的内容及其撰写下一部分的原因;学位论文中,研究的局限性很可能是个比较长的部分,虽然这很重要,但更重要的是要着重指出研究的成果,因此,在这一部分既不要写太多夸大的内容,也不要对自己的研究成果太谦虚;在学位论文的结论中,有必要写需要进一步做的研究,这是非常有意义的。

7.2 结论的主要内容

结论的主要内容为概述该论文原创性的成果,总结各章的内容,说明各章的结构,说明研究的实践意义,说明以后可以进一步做的工作。

(1)概述原创性的成果。作者只需要把这些研究成果一一简要列出即可。需要注意的是不要完全重复前边所写过的句子。

(2)总结各章的内容。对于那些只需要大概了解该论文的读者,本部分可以让他们有个全文概览。

(3)说明各章的结构。可以挑选几个主题并且围绕其进行总结。这些主题可以与论文章节顺序一致,也可以不一致。

(4)说明研究的实践意义。在结论段写明实践意义是非常有价值的。这一段落可以详细陈述如何把研究成果应用于实践,比如列出一个具体的实施方案,也可以简要指出几个可供实践者进一步实践的想法。

(5)说明进一步可以做的工作。不管一个学位论文的研究做了多少,都是无法彻底完成所有相关研究的,因此,在这部分应该列出一些相关的可以接着做的研究,这就意味着别的研究者可以沿着这一研究路径继续进行下去。

以上是电力类学位论文结论部分的一般内容,写作中可根据具体情况有所取舍。

【例 1】

第 6 章　结论和展望

6.1　结论

6.2　展望

【例 2】

第 6 章　结论和展望

6.1　结论

6.2　展望

【例 3】

第 6 章　结论与展望

6.1　结论

6.2　展望

以上三篇电力类学位论文的结论部分都涵盖了结论和展望两个内容。有时，有些论文会把展望部分进一步分成研究的局限性和进一步可以做的工作两个小部分来写。

以下是对《基于 VSC－HVDC 的风电场联网控制策略研究》结论中内容和语言的分析。

【例4】

6.1　结论

本文对应用于风电场联网的 VSC－HVDC 系统的控制策略进行了相应的研究，取得了以下几个方面的成果：

(1)从 DFIG 的等值电路出发，系统地推导了 DFIG 的定、转子功率关系、电压方程和磁链方程，并对转子侧和电网侧控制器进行了设计。实现了有功功率和无功功率的解耦控制和最大风能追踪控制。

(2)对 VSC－HVDC 基本工作原理、数学模型进行了研究，在此基础上提出了用于风电场联网的两端 VSC－HVDC 系统的控制策略。仿真结果表明，本文所提出的用于风电场联网的控制策略是正确和有效的，在风速变化情况下具有快速的动态响应特性。

(3)针对用于风电场联网的 VSC－MTDC 系统，提出了一种适用于风电场联网的直流电压斜率特性的多端控制方式，并在 PSCAD／EMTDC 仿真软件下进行了仿真分析，验证了所提出控制策略能够在不需要高速通信的条件下实现风电场发出有功功率在两个电网接收端之间按比例分配。

(4)针对交流系统电压不平衡的情况，对 VSC－HVDC 的数学模型和功率平衡关系进行了深入的研究，以此为基础提出了一种基于负序电压实时补偿的 VSC－HVDC 不平衡控制策略，并且将无差拍控制应用到正序电流内环控制。在 PSCAD 的仿真结果表明该控制策略在有效地抑制交流系统不对称故障引起的负序电流的同时，也明显地降低了有功功率和无功功率的二倍频分量，而且简化了 VSC 控制器的结构，提高了控制器性能。(源自：康金良的硕士论文《基于 VSC－HVDC 的风电场联网控制策略研究》)

在上例中，研究者的第一句话指出了自己的研究问题，然后分四点说明自己研究的主要结论。这四个结论句式特点是，对每个结论都用条件从句进行严谨的限定，以确保结论的科学性。如“从 DFIG 的等值电路出发”“在风速变化情况下”“ 针对用于风电场联网的 VSC－MTDC 系统”。此外，这四个结论按照研究结论的重要性的顺序进行了排列。

下面对另一篇电力类学位论文的结论部分进行分析。

【例5】

第6章　结论与展望

6.1　结论

本文主要针对现代电能质量综合评估方法进行深入研究，在分析电能质量指标体系和权重优化方法基础上，提出和改进了8种电能质量综合评估方法：基于变权理论的4种方法以及区间数逼近综合评估法、基于云模型的物元分析法、雷达图法、合作博弈分析法，并通过算例验证了各种方法的有效性及其应用前景，可以为电能市场的进一步发展提供一定的技术支持。主要可以得出以下几点结论。

(1)总结了现有电能质量综合评估方法的不足以及评估难点。部分现有方法缺乏对电能质量指标权重的客观考虑，使综合评估结果偏离了客观事实；电能质量各项指标也具有很强的不确定性和复杂性，对电能质量进行综合评估存在着建模难度大、指标体系复杂等难点。此外，还介绍了统一型电能质量指标和4种指标权重优化方法。

(2)提出了基于相对强度熵和局部变权理论的电能质量综合评估方法。该方法综合考虑了数据间的不确定性和均衡性，可以较好反映电能质量的客观实际，其中采用不同的变权函数还可以给评估带来惩罚—激励效应。还首次将变权SPA法、变权TOPSIS、分组变权法应用到电能质量综合评估中，大大丰富了电能质量评估理论。

(3)将区间数逼近法、基于云模型的物元理论分析法和合作博弈分析法引入到电能质量综合评估中。基于区间数逼近的电能质量综合评估模型，克服了传统的定值评估方法可靠性和客观性不足的问题，作为多指标区间数整体思想的延伸与应用，使电能质量评估过程变得更加客观科学；基于云模型的物元理论分析法用云模型改善物元结构；可以较好地描述电能质量各项指标客观存在的不确定性，以实现对电能质量多指标数据的多等级评估；基于合作博弈的组合评价方法综合了几种传统评估方法的优点的同时，还有效提高了评估结果的准确性。

(4)创造性地提出了基于雷达图法的电能质量综合评估方法，改进后的雷达图法增加了指标权重对应雷达图扇形区域角度的环节，还采用四边形区域代替原始方法的三角形区域，解决了指标相对顺序会影响评估结果的问题，将改进后的雷达图法应用于电能质量综合评估具有较好的直观性和可操作性，有可能在未来的电能交易市场中得到应用。

(5)最后对本文提出或改进的电能质量综合评估方法进行了比较分析，指出各种方法在实际应用中的优势与不足，并结合现代电能质量问题的特点，对各种综合评估方法的应用前景进行深入分析。本文的电能质量综合评估方法在电能市场定价、随机性强的新型能源系统、实时交互式电能交易平台等领域具有较好的应用前景。

上例中结论的第一句话是研究者重述研究问题并概述了研究成果及研究的意义，然后研究者分五点详细陈述了该研究的结论。第一个结论中，研究者指出了该研究最重要的原创性的研究结论。第二个结论到第五个结论研究者按照结论重要性的顺序指出了每个章节的小的结论以及实践意义。

从以上两个例子不难看出，在结论部分，作者可以把结论按照不同的顺序列出，可以是按照重要性顺序，也可以按照研究问题的顺序。同时可以指出这些结论的理论或者实践意义，当然实践意义也可以单独形成一个段落。结论部分在语言上尽可能地使用非专业性的词汇，在句式上进行严谨的限定。

结论中另一个必须包含的部分是展望。这个部分可以分三步来写，首先分析论文的局限性和这些局限性的重要意义。然后进一步反思，来说明局限性的本质并且解释在研究过程中研究者所做的选择。最后，在展望部分给出一些关于如何改进这些局限性的建议。这一内容可以占到这一部分字数的10%—20%。

每个研究都会有很多局限性，但是没有必要把所有局限性都写出来。所以我们需要分析的局限性只是一些方面，比如对所做的研究结果的质量有重大影响的方面；影响有效回答假设问题的一些方面。好的反思不仅不会被看作是一个研究弱点的展示，反而会显示出研究者对整个研究的全面掌控能力。反思这些局限性主要是帮助作者解释论文中局限性的本质以及做这样选择的原因。这一内容可以占到这一部分字数的60%—80%。

最后是对未来的展望。这一部分是建立在反思基础之上的，这里作者需要解释在未来的研究中如何克服这些局限性。这一内容可以占到这一部分字数的10%—20%。

【例6】

6.2　展望

虽然论文在风电场联网控制技术方面取得了上述成果，但仍有一部分问题有待深入研究：

(1)尽管本文提出的用于风电场联网的VSC－HVDC控制策略能够控制风电场并网点交流电压，但是其控制范围较小，所以需要对风电场并网点电压跌落时，DFIG风电场的低电压穿越技术进行深入分析和研究。

(2)本文未对风电场联网后对电网的影响进行深入研究，包括风电场的联网和接入对电网稳定性、可靠性的影响，对电网电能质量影响，以及电压调整和频率调整的控制策略。

(3)需要进一步研究VSC－HVDC系统的控制与保护策略，完善交流系统故障、直流系统故障和设备自身故障时的控制与保护策略。

在上例中，第一句话是上下文的过渡句，很好地衔接两段的内容。第二句话简要地指出了自己研究的一个局限性，并指出原因，第三句话和第四句话是研究者在自己的研究中已经注意到的可以深入研究的方向，为自己以后的研究或者后来的研究者提供了继续研究的课题和思路。

【例 7】

6.2　展望

本文提出或改进了多种电能质量综合评估方法，这些方法在某些方面有效提高了评估质量，但同时也存在着一些不足之处，还有待进一步完善。随着电力市场化改革的逐步深入，电能市场的建立势必会对电能质量综合评估理论产生迫切需求，因此，有关电能质量综合评估的课题还需要进一步深入研究和探索。

(1)电能质量综合评估指标体系还有待进一步完善，同时国家相关指标标准的建立也刻不容缓。电能质量综合评估是以国家标准为基础的，而有关电压暂降、可靠性等技术性指标以及服务性指标都没有形成国家标准，若能将这些重要指标纳入到电能质量综合评估体系中来，必然会提高评估结果的准确性和实际意义。

(2)本文提出的基于变权理论的电能质量综合评估方法，可以有效提高评估过程的客观性和积极性，而选择不同的变权函数会给评估带来惩罚—激励效应，如何选择合适的变权函数以定量分析惩罚—激励效应，还需要进一步研究。此外，将变权理论与其他评估方法结合应用到电能质量综合评估中，也有着积极的意义。

(3)本文提到的几种综合评估方法，也还存在着一些不足，需要进行更加深入的研究。

基于区间数逼近法、基于云模型的物元分析法等，由于其数据格式特殊，较难与传统的评估方法兼容，进而就很难直接利用现有的电能质量数据监测系统；变权 TOPSIS 法和组合博弈法的评估过程较为烦琐，难以在现有系统中得到应用。因此，需要对综合评估流程进行优化设计，寻找具有普遍意义的综合评估方法。

(4)电能质量综合评估方法能否应用到生产实际中，还有待电力市场中电能质量市场的进一步完善。因此，有必要对电能按质定价理论进行深入研究，给出完整的定价模式，再结合相关电能质量综合评估模型来建立合理有效的市场机制。随着各种相关理论研究的不断深入，电能质量综合评估方法也会在现代电力系统中得到更多的应用，并发挥重要作用。

在上例中作者首先总结了上一段的内容，然后承上启下地概述了“有关电能质量综合评估的课题还需要进一步深入研究和探索”。接着从四个方面陈述了可以进一步做的研究及这些研究的意义。第一个方面，研究者宏观地指出了该研究需要进一步研究的理论意义。第二个方面，研究者指出了一个具体的相关研究方向及其实践意义。第三个方面，研究者指出了本研究结论的一些局限性，以及可以做的进一步的研究。第四个方面，研究者指出了研究成果实践应用的不确定性以及进一步研究的方向。

在展望部分，通常用一个过渡句来承上启下，然后按照一定的顺序列出进一步可以做的研究。这个顺序可以是从宏观到微观，也可以是按照研究的理论意义、实践意义和方法的顺序。这一部分也可以和自己研究的不足结合在一起，一边陈述自己研究的不足，一边指出怎样做才更好更完善。当然也可以分别放在两个段落里。

总而言之，电力类学位论文中的结论不是正文中各段小结的简单重复，它应该基于该研究的研究方法、过程和数据，完整准确地加以归纳并总结成一般性的理论，指出研究中发现的有待进一步解决的问题和可以进一步做的课题，指出该研究和前人研究的共同点和差异性以及该研究在理论和实际中的应用价值。

7.3 结论的写作方法

首先对研究进行总结，这一段可以分为四步来完成。第一步，说明研究的背景信息。作者可以用一两句话说明当前研究的背景信息。通常在摘要和导言部分已经包含这一内容，所以在这里简洁地陈述即可。

【例 8】

本文着重研究了水平轴风力机的气动性能及影响气动性能的各方面因素。

第二步则要总结研究的主要步骤。指出研究中使用的模型和做实验的步骤。

【例 9】

首先对风力机气动性能的相关理论进行了总结，并选取风力机叶轮中较为常用的 NACA634 系列翼型，对该系列不同相对厚度的翼型的气动性能进行 CFD 研究；同时利用该翼型建立风力机叶片和整机模型，并利用 CFD 方法，对风力机叶片和整机分别进行气动性能研究。

第三步要总结主要研究成果，分点列举。第四步则紧随每一项研究结果推导出主要的研究结论。第三步和第四步可以结合在一起，一边总结研究的结果，一边推导出结论。

其次，展示研究的贡献。这包括研究的意义、研究的目的、研究的有效性和实际应用。这一段也分成四步完成。

在第一步中常使用一个句子来表明研究使用的方法是有效的或者使用的模型功能是正常的。这一句通常是“研究表明……” 或者“模型的可靠性已经通过模拟实验验证”。

【例 10】

仿真结果表明,本文所提出的用于风电场联网的控制策略是正确和有效的,在风速变化情况下具有快速的动态响应特性。

【例 11】

通过对比计算与设计功率系数值,确认数值计算结果可靠性。

第二步,表明研究的优势。这一步着重于和以前的相关研究比较并说明当前研究的优点。也可以只指出当前研究的优点。

【例 12】

这一新的 MMR 诊断步骤有很多优点。首先,MMR 能够开发各种可用的信息……

第三步,指出研究的意义。

【例 13】

该研究验证了各种方法的有效性及其应用前景,可以为电能市场的进一步发展提供一定的技术支持。

第四步,指出研究在实践中的应用。这一步不是必需的。

【例 14】

本文的电能质量综合评估方法在电能市场定价、随机性强的新型能源系统、实时交互式电能交易平台等领域具有较好的应用前景。

再次,指出研究的局限性。作者可以陈述在什么样的情况下这个研究是不可行的或者该研究的问题。

【例 15】

本文尝试建立一套以电力公司为主体的实现社会收益最大化的电网工程投资决策理论与方法,将可靠性作为一种商品来解决电网工程外部性的问题,但是没有对如何达成电力公司和电力用户之间契约进行深入的讨论,没有深入地探讨可靠性的增加收益如何在供电供需双方合理分配的问题。

最后,指出进一步可做的研究。这一步也是可选的。

【例 16】

需要进一步研究 VSC - HVDC 系统的控制与保护策略,完善交流系统故障、直流系统故障和设自身故障时的控制与保护策略。

以上是写结论的几项内容的基本步骤和例子,学习者可以参考使用。

第 8 章　其他部分的撰写

学位论文的标题、图、表、公示等在学位论文中十分重要。本章对电力学位论文标题的主要成分，学位论文标题的写法，论文中的图、表及公式的安排和布局方式，以及独创性声明，版权声明和致谢等的写作方法进行介绍。

8.1　论文的标题

电力学位论文标题应简洁、重点突出，让读者一目了然，其主要成分包括研究目的和研究方法等。

8.1.1　标题概述

好的论文标题是用极少的字词突出研究的目的、研究的内容、研究的结果及研究的方法。标题是读者首先阅读的内容，因此应该提供论文所要表达的最准确、最精炼的内容、研究者讨论该问题的角度。标题需要用心斟酌选定，在写作过程中可能要修改多次，随着写作重心发生改变，作者会梳理出很多主题上细小的差别。认真写好标题，对于一篇论文的成功有事半功倍之效。

【例 1】

基于 VSC－HVDC 的风电场联网控制策略研究

【例 2】

风力发电机气动性能数值分析

【例 3】

大规模电力系统优化潮流算法研究

例 1 至例 3 的电力学位论文标题不仅恰当准确地表达了论文的内容，而且指出了研究的切入点或研究角度。例 1 中的“策略研究”、例 2 中的“数值分析”、例 3 中的“算法研究”都指明了研究角度。

8.1.2　论文标题的主要成分

学位论文的标题包含很多成分，但作者应把最适合这个研究的成分放在标题里，也就是说这些成分可以说明这个研究的精髓。论文标题都包含两个内容:研究领域、研究的重点。研究者感兴趣的领域是论文所涉及的主要内容,而研究的重点是其中一个具体的角度或方面。

【例 4】

基于可靠性的城市电网工程投资决策研究

【例 5】

大规模电力系统优化潮流的算法研究

【例 6】

基于 VSC－HVDC 的风电场联网控制策略研究

例 4 中的“电网工程”和例 5 中的“电力系统”指的是研究领域,研究的重点分别是“投资决策”和“算法”。例 6 中“VSC－HVDC”是研究的支撑理论,也是研究者感兴趣的领域,“控制策略”是研究重点。

学位论文标题中包含的第二个成分是研究的结果。无论论文是理论性的还是实验性的或者是两者的结合,研究结果是必不可少的。

【例 7】

大规模风电场群联网的源网协调性研究

【例 8】

基于 VSC－HVDC 风电场联网及其对 HVDC 稳定性研究

例 7 中不仅指出了研究的目的,而且指出了研究的其中一个重要成果“协调性”。例 8 标题除了指出研究目的,还强调了“稳定性”这一成果。

学位论文标题中还可以包含研究方法或方法论。研究方法可以指研究设计、研究方法论、抽样方法、数据分析方法等,但是标题中只需要包含对这个研究而言最重要的成分。

【例 9】

风力发电机气动性能数值分析

【例 10】

风电场并入电网的调控理论研究

例 9 中表明使用的研究方法是“数值分析”,例 10 的标题中表明该研究所采用的方法是“理论研究”。

8.1.3 论文标题的写作方法

学位论文的标题应该简洁地表达论文主要内容。在一篇论文完成之前,论文的标题很难确定,所以可以考虑先确定论文论述的核心内容,最后再确定标题。

论文的标题比小说或者报刊新闻的标题一般要长一些,根据需要可以包含二十左右个字。标题分为陈述性的标题和疑问句式的标题,陈述句式的标题是比较常见的一种,通常表达更有力。标题中也常使用冒号。在冒号之前部分,作者以简洁有力的短语来抓住读者的注意力,冒号之后部分,作者用学术的方法来准确地解释该论文要讨论的内容。

【例11】

变压器故障检测技术:介质损耗在线检测

在撰写标题时,作者应该写几个相关的标题然后从中选取最贴切的一个。如果作者不能写出有效的标题,则可请导师或者同学阅读自己的论文并一起讨论出一些可能的标题。选定标题后,应重新阅读论文,确保论文标题和论文在观点和语气一致。撰写学位论文标题时应注意如下事项:

(1)在撰写标题前,浏览专业的期刊和本领域的硕博论文,看哪些标题会吸引读者的注意力并且能够对整个论文有比较清晰的提示,看哪些论文的内容和你看完标题后的预期一致。除非你已经写好了论文主体部分的提纲,否则不要急于拟定标题。

(2)论文的标题应该能精准地提供研究工作的信息,否则会让读者不知所以然。

(3)标题应该有一定的信息量,但是写得有趣而富于变化可以提高论文的吸引力。选定标题时可以把握四个原则:具有原创性;含有一定的信息量;吸引读者;反映作者对该主题的态度。

(4)标题词法、句法应规范。学位论文的英文标题通常用名词短语。为了准确表达文章的主要内容,应用限定词来限定该短语,以便确定该短语的范围。同一篇论文的英文标题和中文标题内容要一致。英文标题实词首字母大写。

【例12】

Application of Improved Method Combined Elman NN with SVM in Tender Offer

这个标题中的核心名词短语是 Application of Method, Method 一词由形容词 Improved 限定,后面用过去分词 Combined... with 限定。

8.2　论文中的图、表及公式

学位论文的图、表和公式可以有三种安排方式,但是在整个论文中必须统一使用一种。第一种方式是放在文本中,第二种是放在第一次引用该表格的下一页。第三种是放在每章结尾部分,图、表和公式不应该最后堆放在整个论文的末尾。

图表标号按照在各章出现的先后顺序编排。如表2.1或2-1(表示第二章的第一个表格),图3.1或3-1(表示第三章的第一个图)。在公式的结尾靠右对齐的“3-15”(表示的是第三章的第十五个公式)。

图表的标题放在图表上方，字体与论文主体一致。图形的标题既可以放在图形的上方，也可以放在下方。

【例 13 】

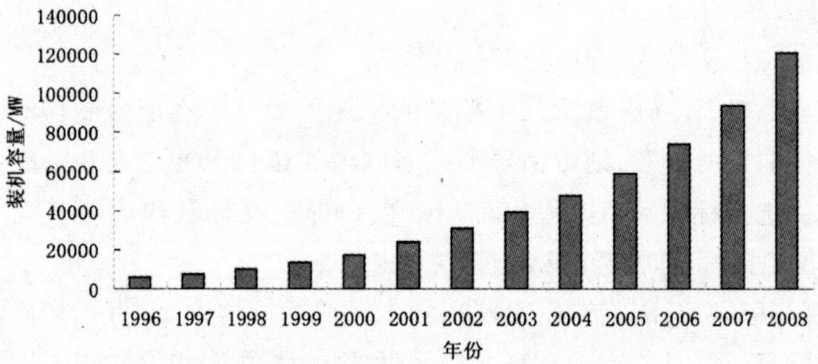

图 1-1　世界风力机装容量

【例 14】

3.1.1　常用翼型几何数据

本章所研究三种翼型的二维几何参考如表 3-1 所示：

表 3-1　三种风力发电机叶片翼型二维几何部分数据

NACA63418		NACA63425		NACA63439	
x	y	x	y	x	y
0.997508	0.000634	0.997511	0.00065	0.997518	0.000682
0.918111	0.017118	0.918349	0.020216	0.918825	0.02641
0.838614	0.035564	0.839047	0.043866	0.839914	0.06047
0.758834	0.054566	0.759353	0.068895	0.76039	0.097553
0.678736	0.072569	0.679217	0.092974	0.680178	0.133786
0.578189	0.091672	0.578457	0.118863	0.578993	0.173244
0.497466	0.102967	0.497453	0.134403	0.497426	0.197277
0.396313	0.11037	0.395851	0.144952	0.394927	0.214116

例 13 和例 14 是同一篇论文的图和表，排列放方式统一，都紧随文本放在了第一

次引用该图或该表的文本中，这也是最常用的方式。

【例 15】

$$\text{平均停运持续时间}=\frac{\text{停运时间}}{\text{规定类型的停运次数}} \tag{3-3}$$

$$\text{可用系数}(AF)=\frac{\text{可用小时 AH}}{\text{统计期间小时 PH}}\times 100\% \tag{3-4}$$

这是同一篇论文中的两个公式，公式编号表明该公式是论文第三章的第三个和第四个公式。

8.3　独创性声明和版权声明

每篇学位论文在正文开始前都有郑重的独创性声明和版权声明。

【例 16】

华北电力大学硕士学位论文原创性声明

本人郑重声明：此处所提交的硕士学位论文《基于 VSC-HVDC 的风电场联网控制策略研究》，是本人在导师指导下，在华北电力大学攻读硕士学位期间独立进行研究工作所取得的成果。据本人所知，论文中除已注明部分外不包含他人已发表或撰写过的研究成果。对本文的研究工作做出重要贡献的个人和集体，均已在文中以明确方式注明。本声明的法律结果将完全由本人承担。

作者签名：　　　　　　日期：2011 年 3 月 15 日

华北电力大学硕士学位论文使用授权书

《基于 VSC-HVDC 的风电场联网控制策略研究》系本人在华北电力大学攻读硕士学位期间在导师指导下完成的硕士学位论文。本论文的研究成果归华北电力大学所有，本论文的研究内容不得以其它单位的名义发表。本人完全了解华北电力大学关于保存、使用学位论文的规定，同意学校保留并向有关部门送交论文的复印件和电子版本，允许论文被查阅和借阅。本人授权华北电力大学，可以采用影印、缩印或其他复制手段保存论文，可以公布论文的全部或部分内容。

本学位论文属于（请在以上相应方框内打“√”）：

保密□，在　　　年解密后适用本授权书

不保密☑

作者签名：　　　　　　日期：2011 年 3 月 15 日

为了澄清对成果的所属权，各个高校都要求学位申请者在论文里包含独创性声明和版权所有。一般包含如下内容：所有此处包含的材料都是作者的原创。所有外部引用都注明了出处。所有本研究包含的第三方的版权资料都得到了允许。

8.4 致谢

致谢部分通常位于论文的最后，致谢在结构上基于两步：反思和感谢。这两步可各自成一个段落。

反思是致谢部分的第一段，可以写研究和论文写作的历程，为下面开始的感谢语做好铺垫。该段中要回答三个问题。第一个，写作中遇到了什么样的困难。比如，撰写论文是一个新的工作；如何获取资料；时间压力；学习研究或论文中需要的新技能；经济压力。第二个需要回答的问题是如何克服这些困难。比如如何把研究目标缩小，设定可能实现的研究问题，作者如何及时地寻求老师和同学的建议和支持。第三个需要回答的问题是在写论文的过程中学习到了什么。在克服困难的过程中作者可能学会了时间管理，批判性地阅读和分析，把理论和实践结合起来，学会和其他人或者单位打交道，学会如何长时间地独立工作，学会向老师同学和其他单位推荐你感兴趣的内容。

致谢部分的第二段主要写感谢的内容。首先列出要感谢的人，这些人包括作者的导师、其他老师、同学、版权使用同意者、家人和朋友。然后说明他们怎样帮助了作者。按照怎样的顺序来感谢这些人取决于作者自己。

【例 17】

致　谢

衷心感谢导师韩中合教授对本人的精心指导。从论文的选题到完成，自始至终得到了韩老师不倦的教诲，导师严谨的治学态度、勤奋的工作精神和对学生的高度责任心，深深地感染着我，激励着我，他的言传身教将使我终生受益。

感谢实验室全体老师和同窗们的热情帮助和支持！

本课题承蒙河北省自然科学基金“考虑旋转效应的风力机三维非定常空气动力特性研究”资助，特此致谢。

8.5　论文答辩

论文答辩是论文完成后的重要环节之一,答辩前应熟悉论文内容,进行详细准备,熟悉答辩流程。

8.5.1　论文答辩的定义

论文答辩是一种有组织、有准备、有计划、有鉴定的比较正规的审查论文的重要形式。为了搞好论文答辩,在举行答辩会前,校方、答辩委员会、答辩者(撰写毕业论文的作者)三方都要作好充分的准备。

8.5.2　论文答辩的目的和意义

组织论文答辩的目的简单说是为了进一步审查论文,即进一步考查和验证论文作者对论题的认识程度和当场论证论题的能力;进一步考察论文作者对专业知识掌握的深度和广度;审查论文是否是作者自己独立完成等情况。

8.5.3　论文答辩的准备工作

答辩委员会根据作者的报告和对问题的回答来评价答辩。答辩人需全力以赴准备好报告,在答辩前要专注于此。在准备过程中,须记住关键内容。作者还需要熟悉大的问题,比如基本的假设、理论框架、重要的范例等。更重要的是需要深刻地理解研究问题的本质和所涉及的各种问题。答辩时可随身携带重要的材料以便于参考。

在答辩人讲述自己的研究时,语速要适当,不要读笔记或讲稿。避免陈述太多细节问题,用简洁明了的语言说明研究的内容、研究的目的、研究的方法、研究的结果和研究的结论及意义。所准备的幻灯片、发放的资料或者演示文稿一般需要包括:报告的内容;简介(研究的问题、假设和关键概念的定义);研究方法(实验设计、试验方法、样本、测量工具和步骤);研究结果,即用图表总结研究发现;讨论,即解释研究的结果、局限性和实践意义。

答辩人还需要注意时间的合理安排。比如整个答辩是20分钟,在简介部分就不要超过5分钟。大多数问题都可以泛泛而谈,但是对于像样本、数据分析这些实质性的内容或者一些可能引起争议的结论要着重仔细地讲。对所做的推论、理论框架、方法和结论,需要清晰地精心讲解。

答辩人还要确保对论文的假设、理论框架、研究方法和结论进行详尽的阐述。参加答辩的老师常常会唱反调地提出一些问题来检测作者对研究的熟悉程度和是否能很好地说明所做研究的可靠性,有时候,也会故意问一些无法回答的问题,答辩人可以试着从不同的方面回答,如果对方都不满意,也可以说自己不知道答案并且有礼貌地请对方给出一个正确的答案。

在答辩过程中有一些问题经常会被问到，这些问题包括：如果实验重做，论文作者会做哪些改变；论文中所发现的哪些具体方面可以用于实践；请用一两句话说出你这篇论文的最大贡献等。

回答问题时，不用马上说出答案。如果答辩人对问题本身不清楚也可以请答辩老师解释清楚。回答问题时尽量简洁和切中要点，同时要展示出对所谈的问题非常清楚。换言之，既不要给肤浅的答案，也不用面面俱到。正确态度应该是自信而不狂妄。如果答辩老师能够指出研究的真正瑕疵和缺陷，谦虚而有礼貌地接受他们的批评是最好的策略。

在答辩之前和导师讨论一下外部评委所关注的问题以及如何应对这些问题。导师虽然不能具体告诉答辩的问题和答案，但是他可以帮助答辩人了解那些评委关注的问题的方向和范围，这样可以对这些方向做一些准备。

答辩结束后，和导师预约见面了解答辩的情况并征求意见来进一步修改论文。

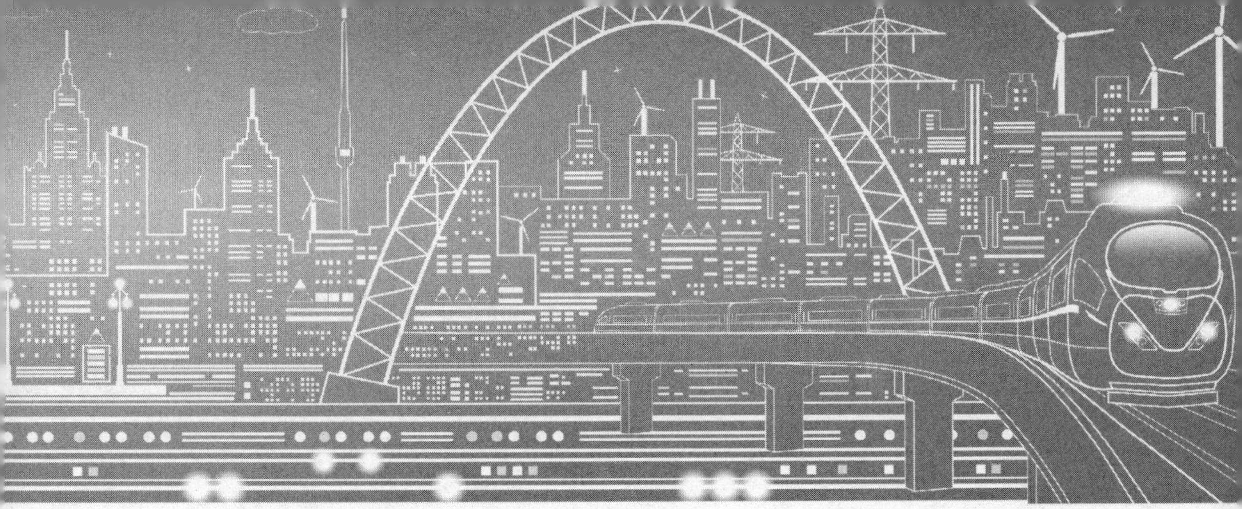

下篇

下篇

第1章　英文电力科技论文概述

随着中国改革开放的不断深入、科技的飞速发展,中国与国际社会在电力科技方面的交流也越来越广泛,电力科技工作者的科研成果也越来越多地发表在国际期刊上,向世界介绍自己的科技新成就,同时也加大和促进了国内外电力行业之间的交流。

本章主要讨论英文电力科技论文的特点、类型及写作的学术道德规范。首先从宏观角度讨论英文电力科技论文的主要特点,并从电力学科的特点出发对英文电力科技论文进行分类比较,最后讨论英文电力科技论文写作中的学术道德规范。

1.1　英文电力科技论文的特点

英文电力科技论文是对电力学科及其专业技术领域内的某些现象和问题进行专题研究后而撰写的论文。这些研究需要建立在科学研究和实验的基础上,运用判断、推理、证明或反驳等逻辑推理手段,分析研究内容,找出研究问题的本质及规律。

英文电力科技论文有其明显的行业学科特点,是对创新性的电力科学技术研究成果的科学论述,是对电力学科新理论、创新性实验的科学记录,也是对某些原理或理论应用到实践中所取得的新进展、新成果的总结。

一般来讲,英文电力科技论文的特点可归纳为学术性、创新性、科学性、逻辑性和有效性。

英文电力科技论文的学术性是指其论文内容应为电力学术问题,论文核心内容应为其重点表达的学术观点。涉及电力科学实验的科技论文,应该在详细描述实验过程和步骤的前提下,阐述其实验研究成果,总结其学术观点。总之,英文电力科技论文的学术性在于揭示电力学科发展的规律及探索电力科技领域中的客观真理。

英文电力科技论文的创新性是指该研究成果必须在理论或实践等方面有新进展或突破。英文电力科技论文旨在创造或阐发前人或别人没有用过的新理论、新知识、新见解、新发明、新成果，向读者提供新的科技信息。如果不能实现“有所发现，有所发明，有所创造，有所前进”，论文就没有多大价值。(何建民，何一澜，2010:6)

科学性强调英文电力科技论文的内容要客观、真实；同时，论文要表达科学，论述清楚，语言规范，学术术语使用正确。

逻辑性是所有科技论文的一个重要特点和基本要求，主要体现在论文表述清晰准确，结构合理严谨，符号使用规范，专业术语使用正确、论文思路自成系统。电力科技论文多涉及电力实验或电力工程技术，还要求其图表绘制精确，电力实验前提完备，数学模型演算正确，推断严谨合理等。

英文电力科技论文的有效性是指其被公认的发表方式。论文如果在正式的期刊上发表，其有效性就得到学术界的承认，它也就成为了一篇完备有效的科技论文；或者一篇论文经过同行专家的审阅，并在学术评审会上答辩通过，经过存档归案，也可以被认为是一篇有效的科技论文。无论是哪种方式，一篇英文电力科技论文的发表就表明其研究成果和学术观点已成为人类知识宝库的一个组成部分，可以为他人所使用。

基于以上特征，英文电力科技论文的写作要求立论明确、论据充分、分析合理、逻辑清楚、文字简洁、语言流畅、结论准确、书写格式规范。在英文电力科技论文的书写中做到这些基本要求，是写好一篇好的英文电力科技论文的前提。

1.2 英文电力科技论文的类型

英文电力科技论文可从不同角度或根据不同标准进行分类，按论文的学科性质和功能，可分为基础、技术和应用论文三大类；按研究和写作方法的不同，可分为理论推导型、实(试)验研究型、观测型、设计计算型、科技发明型、学术争鸣型、以及综述型英文电力科技论文等。就发表在期刊上的英文电力科技论文而言，一般可以分为理论型电力科技论文、实验型电力科技论文、工程技术型电力科技论文、综述型电力科技论文等。

1.2.1 理论型电力科技论文

理论型电力科技论文的研究内容主要是电力学科中的基础性科学命题，通过对这些命题展开理论性的描述与讨论，从而形成重要的学术观点与思想。这类论文重在思辨，一般不涉及到具体的电力实验操作。此类论文写作通常需要通过数学建模或逻辑推理去创建新的学术假说，进而推导出新的理论。论文作者需要科学准确地建立数学模型，在论证过程中进行严密的逻辑推理，准确地使用电力学科的定义和概念，使论文的学术思想和观点无懈可击。

理论型电力科技论文常为电力学科的专门研究人员发表在学术性期刊上或向学术会议提交的论文，论文内容涉及电力学科最新理论或发展前沿，对电力科学事业的发展起着重要的推动作用。创新性是衡量理论型电力科技论文的根本标准，此类论文应在学术观点、理论框架、分析方法、数据和结论上做出新的贡献，并具有科学性。一个国家理论型电力科技论文的数量和质量常常可以代表其电力行业发展的水平。

1.2.2　实验型电力科技论文

实验型电力科技论文是指针对电力科技领域的某个学科或专题进行试验与分析，或进行相应的模拟研究，最终得到系统的观察结果、实验数据或效果等原始资料和分析结论，并在此基础上撰写而成的电力科技论文。

实验型电力科技论文不是就事论事地表现研究对象的外在、直观形态和过程，其理论的逻辑性很强，必须运用电力科学的概念、判断、推理、证明或反驳等逻辑手段，用经过实践检验的公理、定义，对电力生产建设和技术改造的实践中或理论上提出的观点和见解进行论证，揭示其本质和发展变化的规律；或者分析、表述在电力科学实验性、理论性、观测性上新的研究成果与见解，使之上升为新的理论。对自己提出的电力科学技术见解或问题，要用事实——观察到的现象、实验（试验）或工程实践的结果——与理论进行分析和论证，分析必须透彻，推理要合乎逻辑。（何建民，何一澜，2010:6）

实验型电力科技论文占据了现代科技论文的多数，在电力科技领域期刊上也有一定的比例。这类论文写作以实验过程和结果分析为重点内容。在写作中，需要提供可靠的理论依据作为实验的支撑，设计先进的电力实验方案，掌握科学的测试手段，并对实验数据进行严谨准确的处理以及科学严密的分析和论证。

1.2.3　工程技术型电力科技论文

工程技术型电力科技论文指专业工程技术人员撰写的关于电力工程技术研究成果论文。电力行业由于其行业本身的特殊性，此类论文占的比例相当大，甚至还有电力工程类期刊（例如《电机工程学报》、电气和电子工程师协会（IEEE）的 Electrical and Computer Engineering 等），专门发表此类论文，由此可见工程技术型论文在电力行业的重要性。

工程技术型电力科技论文的研究内容通常是将国内外已有的电力学科理论应用到解决具体的电力技术问题上，通常包括电力工程、技术、材料、工艺、设备等具体电力技术问题。工程技术型论文对电力工程技术的进步有着直接的推动作用，其研究成果也直接用于提高电力行业生产力，具有技术的先进性和实用性。

1.2.4　综述型电力科技论文

综述型电力科技论文旨在介绍、分析和评价电力领域内的学科新发展和新成果，并阐明作者的观点，做出学科发展的预测，提出建设性意见或建议。写作综述性电力科技论文的前提是论文作者必须熟悉国内外电力学科的发展，并且还要广泛阅读电力学科的最新著作和重要的期刊论文。

综述型电力科技论文在学科内具有权威性，且影响力大，因此对此类论文撰写要求比较高，论文作者一般是具有一定学术水平的学科带头人。综述型电力科技论文对所讨论的电力专题或学科问题常可以起到进一步引导和展望的作用。

综述型论文在电力科技论文中是一种比较特殊的类型，其内容以电力科技文献综述为主，在研究内容上不要求具有独创性，这是它与一般电力科技论文的主要不同之处。当然优秀的电力综述型论文中也会出现作者未曾发表过的观点或资料，要求分析或评论电力发展现状，并在此基础上，提出相关电力专业课题的发展规律。

通常有两种电力综述型论文的写法，一是搜集相关电力文献资料，并进行客观解释。电力学科中某些发展较活跃的分支综述属于此类；另一种是评述类的，主要进行回顾和展望，提出启迪性的观点或建议。

1.3 论文写作的学术道德规范

科研工作通常以科技论文发表的形式作为最终成果。发表的论文数量以及它们被引用的次数常被用来作为科研工作成功与否的重要衡量指标。研究者们的科研工作是建立在本领域内科研前辈们的研究工作基础之上的。研究者所发表的作品得到了广泛引用，就表明他对人类知识宝库做了一份贡献。正因如此，著作权或知识产权的重要性被提升到了一个史无前例的高度。

各国就保护著作权或知识产权都颁布了相应的法律法规，各研究机构和高等学校等也都有相应的科研工作和学位论文写作规范和要求。因此，在从事科研工作的过程中，科技论文的作者必须严格遵守我国的《著作权法》和《专利法》等国家有关法律法规，同时还要遵守社会公德及学术道德规范，例如中国科协颁布的《科技工作者科学道德规范(试行)》。同时，科研工作者还应该提高自身学术修养和道德水平，在科研工作和论文撰写过程中始终做到坚持科学真理和尊重科学规律的原则，以严谨、诚信、求实的态度杜绝一切不端学术行为。

违反学术道德规范的行为通常包括一稿多投、剽窃、数据造假、在研究中不当对待被研究者或动物、不当署名等。数据造假是指操纵研究材料、设备和研究过程，或者改变、删减数据或者结构，导致研究记录不能精确描述研究过程的行为或者做法。

剽窃是指科技论文与原始材料在学术观点和语言表达上都十分近似，并且论文的科研成果总结与所引用材料相似的情况。在这种情况下，即使论文作者在文中注明出处,也被认为是一种抄袭行为。因此,论文作者不能仅仅在词语表达上稍作改动或者对摘要重新整合后,直接采用他人的学术观点。如果科技论文的作者不能使用自己的语言来彻底重塑研究成果,那就应该直接引用原始材料。

一般来讲,科技论文的作者应当遵守以下基本学术道德规范。

(1)在科研学术活动中要重视、尊重、保护著作权和知识产权。在所撰写的论文或著作中,若需要引用他人的观点和材料,一定要如实注明出处。所引用部分也不得成为本人学术成果或作品的主要部分或实质性内容。如果所引用内容转引自他人作品,也应该在自己的作品中注明转引。任何科学研究人员都应自觉杜绝一切抄袭、剽窃、侵吞、篡改他人学术成果、学术观点、学术思想、实验数据或调查结果的行为;杜绝利用他人的学术思想、假设、学说或者研究计划等行为。同时在自己的学术研究中,还应做到监督和遏制此类违反学术职业道德行为的发生。

(2)对于合作完成的科研成果,合作者应按照对所做研究的贡献大小顺序署名(有署名惯例或约定的除外)。合作科研成果在发表前也需要经过所有署名作者的审阅,并签署审阅确认书。署名作者要对自己在科研成果中做出的贡献部分负责,而合作研究的主持人应该对研究成果的发表作品整体负责。

享有研究成果著作权者须是对研究做出实质性贡献的人员,仅对研究项目进行过一般性或辅助性工作管理的人员,不享有著作权。所有科研人员都应该拒绝不当署名或滥用署名的行为,即未参加科学研究或者论著写作过程,而在别人发表的作品中进行署名的行为;未经他人同意而署其名字的行为;科研成果发表作品中的署名位次与自己的科研贡献不符合的行为;不经过他人同意而随意代签或冒签的行为;将在科研成果发表作品中做出创造性贡献的人排除在作者名单之外,从而严重损害他人著作权、侵害他人著作权的行为。

(3)科技论文的文献综述需要遵循客观、准确和公正的原则对他人作品进行介绍和评论。综述型电力科技论文更应该在充分掌握国内外相关学科领域发展情况的前提和基础上,对所综述的科研成果做出全面、综合、客观的评价和论证。

(4)要尊重科学研究工作中的研究对象。涉及人体的研究须保护受试者的合法权益及个人隐私,同时,受试者应享有知情权。

(5)在科学研究工作的每个阶段,诸如课题申报、项目设计、实验数据的采集和分析,以及公布科研成果等,研究者都要坚持诚实客观的原则。在确认科研工作参与者的贡献排序方面,也要做到公平公正。要确保在科技论文或著作中发表的数据是有效和准确的,保证实验记录和数据是完整和真实的,从而保证其他研究人员的后续研究或重复实验。科研工作者要坚持实事求是的原则,认真对待自己在科研工作中的错误或失误,如果科研成果已发表,则要采取适当的方式予以公开和承认。任何科学研究人员都不得在科研工作和成果中作假,包括故意做出错误的陈述,捏造、拼凑或篡改实验数据或结果等。

(6)与他人合作进行科学研究时,要坚持诚实严谨的原则。要耐心诚恳地对待学术批评和质疑。不可采用不正当手段妨碍他人的研究工作。

(7)科研工作者不得利用科研活动去谋取不正当利益。对于科技成果带来的直接利益,要按照参与者的贡献大小合理公平地分配,同时也要客观正确对待科研活动中存在的各种利益关系。

(8)科研工作者要坚持学术诚实态度,不得一稿多投。不得有学术造假或隐匿学术劣迹等行为,也不得参与到他人的此类行为中。科研活动的负责人要主动负起监察责任,不得纵容或鼓励科研工作中的学术造假或不端行为。

英文电力科技论文作为科技论文的一种,在写作时一定要遵循科技论文写作的学术道德规范。作者在写作时要抱着严谨、诚实和公开的态度,保证论文的学术性、创新性和学术性。

第 2 章　标题的撰写

英文电力科技论文的标题是论文最重要的组成部分，具有画龙点睛的作用，它应能吸引读者，并能让读者快速了解论文的主要内容。因此，标题的撰写应该简洁明了、重点突出。

2.1　标题的特点

英文电力科技论文的标题与文学作品标题、新闻报道标题一样，既是文章的一个重要组成部分，也是一种独立的语言表达形式。标题可被看作是主题思想的高度概括或提炼。标题如同文章的窗口，好的论文标题应能明确体现论文的主题思想，让读者一眼就可以看出其立意所在，同时也能反映出论文作者对所写论文所持的基本态度或所采用的方式手段等。

英文电力科技论文标题应以最少的字数展示论文内容或目的。标题应当有四个作用：准确描述论文内容；区分相似选题的论文；引起注意；易于搜索查询。从标题的四个作用可以看出标题应当具有三个特点，即简明、准确和清楚。首先，标题应简洁明了，不宜过长，因为过长的标题不易让读者有效地把握论文的研究内容与重点。

【例 1】

Automated Testing of Power System Protection Relays

例 1 标题只用了 7 个词，用语简练、明了，以最少的文字概括了要研究的内容。

【例 2】

On-Line Identification of Power System Dynamic Equivalent: (Part Two) Parameter Estimation & Simulation

【例 3】

The Effective Role of AVR and PSS in Power Systems: Frequency Response Analysis

例 2 及例 3 中的副标题都点明了研究的具体方法，起补充、阐明主标题的作用，帮助读者快速了解论文。恰当地选择副标题有时可以起到画龙点睛的作用。

其次,题目应准确地体现论文内容。题目是论文的“标签”,题目不能泛泛而言,也不能太详细,重点不突出。作者应避免使用非定量的、含义模糊的词语,词语应具有专指性。

【例4】

Frequencies and Damping Factors of Coupled Circuits

例4中的标题准确地反映了论文的研究对象 coupled circuits 和主要研究内容 frequencies and damping factors,给读者留下深刻的印象。

最后,标题应简洁,重点突出,能表达研究成果的独到之处或创新点。为了达到直接清楚地表达论文思想的目的,论文核心内容的关键词应放在题名开头,以吸引读者。

【例5】

The Equivalent Circuit of the Vacuum Tube Modulator

【例6】

Vacuum Tube Amplifiers in Parallel

以上两个例子都是使用了短语式标题,并且均是将研究核心内容的主题词放在标题开头。这样的标题可以直接有效地将研究工作重点内容传递给读者。

2.2 标题的结构与写作要求

合格的英文电力科技论文标题通常应包含:研究的目的;电力科技论文的叙述风格(通常由电力科技论文的研究类型所决定);所使用的研究方法。

英文电力科技论文标题的主要目的在于吸引读者的注意力,并使他们关注此论文研究的问题。通常来讲,发表的英文电力科技论文应该在写作完结时撰写标题,使标题能够精确地表达出论文的内容。但是作者可以在写作初期先拟好一个工作标题(working title),以便作者确定研究问题的核心内容。写作过程中此标题可以很好地提醒作者自己的研究目的,帮助他们定位,不至于在写作中跑题。

电力科技论文的最终标题除了需要具备以上三个特点之外,还需要注意以下常见的要求:精确表述研究主题和范围;避免使用缩写;使用肯定的表达,引起读者的兴趣;使用本研究范围内的常用术语;明确关键变量(包括独立变量和非独立变量);可以揭示如何组织此论文的相关信息;暗示支持主要假设的各变量之间的关系;应限制在10到15个实义词;尽量避免诸如 study of 和 analysis of 或相似的表达结构;标题通常以短语的形式呈现,但也可写成问题的形式。

标题写作中应使用正确的语法和大小写形式。英文电力科技论文的标题中应慎重使用缩略语,可以使用科技界认可的缩略语,必要时可在括号中注明全称。标题中应避免使用公式、上下角标、特殊符号、不常用的专业术语和非英语词汇等。

能够吸引读者的兴趣是英文电力科技论文标题最为重要的作用之一。标题不仅应涵盖研究的信息,同时也应吸引读者的注意力。因此,为了避免自己的论文被束之高阁,作者应该选取一个既吸引读者眼球又涵盖论文信息的标题。

作者可以使用以下几个策略:使用问题。问题可以吸引读者,使他们不自觉地与作者对话。因此,在电力科技论文标题中使用一些短小的问题可以发挥很大的作用;使用引言。在标题中使用引言可以极大地提高标题的趣味性,等于是借用了别人的话说出作者本人的学术思想;使用分割方法。如果电力科技论文标题过长,可以将之细分成若干小块。

英文电力科技论文是一种严肃的写作,其标题形式也应该是严肃的,因此应该使用正式语言来拟题。标题内容是其论文研究中心思想的一个缩影,但它不应该和论文的研究成果相混淆,后者不应在论文一开始就被揭晓。

2.3　标题的句式类型

近年来,关于英语科技论文标题句法特点的文章层出不穷,张桂萍等曾对 33 种英文原版期刊中的 264 个科技论文标题进行过统计和研究,得出的结论是名词词组式标题在所有标题中占比例最大(44.7%),冒号式(副标题式)其次,占比例为25.4%,再次为联合词组式(18.2%),最后还有句子式(5.3%),其他标题形式分别为非谓语动词式、介词词组式和破折号式。(张桂萍等,2002:31)虽然此调查研究样本仅为 264 篇,但是也部分说明了科技论文标题的句法结构情况。

由此可见,英文电力科技论文标题多由名词词组、分词短语或动名词短语构成,少用句子。

本节主要讨论电力科技论文国际期刊上常见标题的句式类型,其中名词短语式、介词词组式和非谓语动词式都可以归为短语式标题,陈述句式和疑问句式标题可以归为句子式标题。另外还有比较重要的一类:副标题式。在这里,我们将冒号式标题和破折号式标题同归于副标题式,不再进一步区分。

2.3.1　词组式标题

词组式标题分为名词词组式标题、介词词组式标题、非谓语动词式标题三大类,现就具体用法进行详述。

(1)名词词组式标题

名词词组式标题出现的频率较高,英文电力科技论文惯用这种标题形式。从一定程度上来讲,这种标题形式已经成为了一种固定的模式或惯例。名词词组式标题是由一个或若干个修饰性的词语或短语和一个中心词语构成。名词词组式标题有单一概念标题、多概念并列标题和多概念偏正标题。

单一概念标题是指由一个或两个名词加上一个中心名词构成的标题,通常为"前置定语 + 中心词"结构。由一个表示主题的中心词或词组和它前面表示修饰或说明关系的定语构成,仅采用其前置定语即可完整地对中心词进行修饰和说明,前置定语的语序多数情况下与汉语语序相符。(邱巍等,2008:547)

【例 7】

Power System Integration Technique

【例 8】

High Temperature Superconducting

例 7 和例 8 中的名词短语式标题都只包括一个中心概念词语,例 7 的中心概念为 integration technique,例 8 的中心概念为 superconducting。这类标题一般都是将中心概念放在最后,读者读起来一目了然,能一下子抓住论文的研究核心。

多概念并列标题在英文电力科技论文标题中很常见。此结构通常由两个或两个以上的实义词或词组构成。词和词、词组和词组之间都是平等关系,没有修饰与被修饰关系。在标题写作中常用并列连词 and,这种标题也可被称为并列词组标题。(邱巍等,2008:547)

【例 9】

Green Remanufacturing Technology and Power Equipment Life Extension

【例 10】

Insulator Icing Test Methods, Selection Criteria and Mitigation Alternatives

例 9 以并列连词 and 连接两个概念,说明在此论文中,作者将两个概念放在同样重要的位置。例 10 说明此论文主要探讨绝缘子覆冰的三个方面,即实验方法、选择标准和除冰措施。

多概念偏正标题常用 analysis of, study of, probe/research into, discussion on/about, efficiency of, measures on 等形式。重心放在前面,通常以"中心词 + 后置定语"的形式出现。为了突出中心词,英语多将中心词前置,表示说明、解释的词语位于中心词后作为后置定语。

【例 11】

Application of Delayed Control Device in Operation and Maintenance of

Electric Power

【例 12】

Comment on Over-speed Protection Control System of Large Size Turbine Unit

例 11 及例 12 中的两个中心词 application 和 comment 都是名词，后面由 of 和 on 引导的介词词组作为后置定语来进一步解释说明应用的具体内容和评论的对象。

【例 13】

Adaptive Distance Protection Based on R-L Model Error

【例 14】

Transmission Line Distance Relaying Using Machine Intelligence Technique

例 13 的中心词组为 Adaptive Distance Protection，过去分词 Based 引导的词组作为后置定语，修饰中心词组。例 14 的中心词组为 Transmission Line Distance Relaying，现在分词 Using 引导的词组作后置定语。

在个别情况下，名词短语式题目中还会出现用句子或副词修饰中心词组的情况。

【例 15】

Insulator That Can Self Clean

【例 16】

International Electricity Market Today

例 15 中使用 that 引导的后置定语从句对前面的中心词进行修饰说明，例 16 中则是使用了一个时间副词 today 对中心词组进行修饰。

(2)介词词组式标题

介词词组式标题通常由“介词 + 词组”构成，这类标题时有见到，常常表示“论”“浅议”“关于”等含义。

【例 17】

From Printed Circuits to Microminiature Circuits

【例 18】

On Different Handling Methods for Remote Generator Control in Power Flow Calculation

例 17 使用介词 from 和 to 来表示印刷电路到微型电路的演变过程。例 18 中使用介词 on 来表示论文讨论对象，这样的标题通常比较适用于综述性和总结性的论文。

(3)非谓语动词式标题

非谓语动词式标题由“非谓语动词 + 名词短语”构成，其中心词多为非谓语动词，即动名词。

【例 19】

Expanding the Functions of MATLAB Applications

例 19 使用动名词 expanding 来引导整个标题,该标题具有动词的特征,强调某种研究行为或实(试)验。

2.3.2 句子式标题

句子式标题,顾名思义,就是标题是由一个完整的句子构成的。句子式标题的常见类型有:陈述句式标题和疑问句式标题。虽然疑问句式标题在实际中并非完整的句子,但也将其归入此类。

(1)陈述句式标题

英文电力科技论文标题中常见的句子式标题多为陈述句式。

【例 20】

Advanced Am/Fm/FIS Links Up with Web by WRVEC

例 20 使用第三人称单数和各种首字母缩写,凝练成一个简练明了的陈述句标题。整个标题共 10 个单词,却传递出了大量的信息。

(2)疑问句式标题

疑问句式的标题由"疑问词 + 动词不定式短语"构成,通常使用疑问词 how。此类标题重点放在对方法或技术所进行的研究上。

【例 21】

How to Construct a Production Dispatching Communication System Based on Fiber Ring Network

【例 22】

How to Maintain a SCR System

例 21 和例 22 都是使用疑问词 how 加上一个动词不定式短语构成的标题。这类标题通常用于科普性质的英文电力科技论文中。

2.3.3 副标题

副标题(Subtitle)通常用于解释或者提供额外语境信息、描述理论和工作的研究等。英文电力科技类论文也有使用副标题的情况,利用副标题来对标题进行补充、解释和说明,常见于系统介绍某类研究论文和框架性比较强的论文。

【例 23】

Blackout Prevention Plan——The Stability, Reliability and Security Enhancement in Thailand Power Grid

【例 24】

Interline Photovoltaic (I-PV) power system——A novel concept of power flow control and management

例 23 和例 24 均使用了破折号来引出副标题，对正标题的研究对象和范围进一步解释和界定。这样的标题也会给人耳目一新的感觉，其长度较以上几种标题稍长，但又不会给人冗赘之感。副标题也常用于对某类理论和技术开展应用研究的论文中。

【例 25】

Fuzzy Power Flow: Considerations and Application to the Planning and Operation of a Real Power System

【例 26】

Structural Analysis for Assessment of Monitoring Possibilities: Application to Simple Power System Topologies

例 25 的主标题是 Fuzzy Power Flow，而副标题则具体解释和说明了此概念在电力系统中可能的应用。例 26 中副标题也是指明了结构分析应用的对象和范围。

2.4　标题的大小写及缩写

英文电力科技论文标题中的大小写及缩写通常分两种情况：科技论文的标题可采用首字母大写、首字母缩略词全大写、专有名词的首字母大写，其余的全部用小写的形式；采用标题首字母大写，实词首字母大写，虚词全小写(7 个字母及以上的介词或连词的首字母大写)。

【例 27】

New compensation technique: controllable shunt reactors with DC magnetizing

【例 28】

Design for Show Speed Automotive Generator

目前两种形式的使用均很广泛，有些国外专家主张采用第一种形式，认为其可读性较强，我国的一些学报也采用这种形式。至于具体采用哪一种大小写，应符合不同期刊的具体格式要求。

第3章　作者署名与单位的撰写

科技论文的作者名字排序和单位的署名直接反映作者及合作者对研究成果中创新点的贡献大小及单位的支持程度。一般来讲，比较科学合理的署名排序规则是按照个人及其单位的贡献大小来进行署名排序。

在很多专业领域中，科技论文作为重要的研究成果，其署名是讲究“第一作者”和“通讯作者”之分的。按照一般惯例，前者就是排名第一的作者，后者就是在投稿过程中与期刊编辑直接联系的作者。如果论文的作者超过两个，那么第一作者和通讯作者通常被公认为对该研究成果贡献比较大的，可以凭借此研究成果获得荣誉。

美国国家科学院院刊（The Journal Proceedings of the National Academy of Sciences of the United States of America 或 PNAS）就有这样一条编辑原则，它明确规定作者的署名必须限定为那些为此研究做出实质性贡献的人，并且还进一步鼓励那些作者在脚注中明确说明自己在此研究中的具体贡献。美国国家科学院明确规定作者在发表论文的同时还必须为其内容负责并承担相应的责任。由此可见，除非论文在脚注或内容中明确了内容的各部分归属不同作者负责，但凡在论文上署名的作者都要为此论文的内容负责。

3.1　第一作者

第一作者通常是论文工作的主要完成人，这一点当无异议。在多数情况下，第一作者也是论文的主要执笔者，但这一点常有例外。例如，不少导师在为顶级学术刊物撰写论文时，往往亲自执笔，但是仍然把做具体工作的学生放在第一。事实上，很多高水平的科研工作，由多人共同完成，并且可能都起到了关键作用，确实很难分清谁的贡献更大。但通常来说，作为论文的第一作者，至少要满足三个条件，第一作者必须是实验设计的主要参与者，必须是实验的主要执行者，以及必须是论文初稿的写作者。（蒋继平，2012）

3.2　通讯作者

设置通讯作者是为了方便读者和论文的作者联络。如果作者署名中有研究生，那么一般由参与到科研工作中的导师来提供固定地址(现今多是 E－mail 地址)来担任通讯作者，因为学生的流动性较大，很难成为固定和长期的联系人。同时，通讯作者也是和学术期刊编辑部直接联系的人，往往需要一定的信誉和经验。在目前科学界的评价体系中，通讯作者被看作是论文学术信誉的所有者。在多个课题组平等合作、贡献相当的情况下，还会出现共同通讯作者。

【例 29】

Consequence and impact of electric utility industry restructuring on transient stability and small-signal stability analysis (*PROCEEDINGS OF THE IEEE*, 02／2000, Volume 88, Issue 2)

by Vittal, V.

例 29 中这篇文章的唯一作者为 Vittal, V.，显然既是第一作者，又是通讯作者。

【例 30】

Prolog to the Section on Electric Power and Energy Engineering (*PROCEEDINGS OF THE IEEE*, 05／2012, Volume 100)

by Heydt, G T ; Ayyanar, R.; Hedman, KW; Vittal, V.

同是发表于 *Proceedings of the IEEE* 期刊的另一篇文章，例 30 一文的作者中，Vittal, V.的位置排在了最后，为通讯作者。

通常来讲，若要成为一篇论文的通讯作者，至少应该符合以下情况中的一条：

(1)通讯作者是科技论文整体负责的法定负责人。科技论文的通讯作者应该对整篇论文负有学术责任和法律责任，同时通讯作者也是此论文的主要受益人之一。另一方面，论文的第一作者通常被认为是该科研成果的主要贡献者，而其通讯作者常被认为是此科研成果的负责人和受益人。因此，如果此论文中的研究成果涉及发明专利，那么其专利权通常属于通讯作者或者其单位所有。

(2)通讯作者是科研项目的主要负责人。通讯作者一般是科研项目的主要负责人，为科研项目提供研究经费、试验场所或实验室、仪器设备等重要的物质资源。

(3)通讯作者是科学研究实验的总指挥。科技论文通讯作者的身份通常是导师、教授或者某研究机构的项目负责人。他们有可能不直接参与科研实验的具体过程，但是，他们会关注整个试验阶段，同时在实验过程中起监督、管理并提供指导性意见的重要作用。

(4)通讯作者是科技论文中署名的任何作者。如果一篇科技论文中署名的作者不只一个,那么通讯作者可以是署名作者中的任何一位。作者的署名排序主要与他们在科研工作中的贡献大小有关,如果通讯作者在研究中起到了关键作用,贡献突出,那么他可以是第一作者,同样,他也可以是第二、第三、第四作者等。

(5)需要提供固定的通讯地址。这意味着通讯作者一般应有一个办公室或实验室。从另一个角度说,通讯作者通常是导师、教授或者研究单位的项目负责人。因为,论文的发表势必会引起学科内或社会上的反响,从而会产生必要的通讯联系。没有固定的通讯地址就必然会带来通讯方面的困难。

3.3 作者单位

作者单位通常位于作者署名的下一行,通常包括作者单位所在省、市(县)、邮政编码等信息。单位与省、市(县)名之间用逗号隔开。如科技论文署名作者为多位,又不属于同一单位,则在作者姓名右上角处分别用阿拉伯数字“1、2、3……”标上序号(同一单位为一个序号),并在作者单位信息前作对应的数字标示。作者单位应当遵守下列规则:

(1)明确表示论文的署名作者与其单位的对应关系。另外,论文中所有署名作者的单位都要给出,并与作者一一对应。

(2)相同单位的译法应该保持一致。不要出现同一作者单位不同的写法的情况。

(3)单位名称信息要翻译完整。除非保密需要或者作者单位是全球知名企事业单位,署名作者的单位名称不可使用缩略语或简称。

(4)作者单位内部级别顺序应该按照英文习惯排列。一个单位的内部各级按照英文习惯一般是从小到大进行排列。单位信息应翔实,不能漏掉某一级别单位信息的情况,避免造成通讯困难。

第 4 章　摘要与关键词的撰写

英文电力科技论文是电力科研人员研究成果的记录。论文摘要对论文的发表乃至传播起着重要作用。其中,英文摘要是论文必不可少的一部分,它一方面补充标题的不足,另一方面缩微了全文,扩大了国际交流,方便世界各地的同行检索、查阅。为了让电力科技论文以更高的质量走向国际,更好地参与国际交流,在英文科技期刊上发表的论文都要有英文摘要。

4.1　摘要的基本内容与类型

摘要是论文的浓缩,是论文各部分(引言、材料、方法、结果和讨论)的简要总结。(Robert A. Day & Barbara Gastel,2006:52)电力科技论文摘要是论文的重要组成部分,是论文内容有关要点的概述。摘要应让读者在不阅读全文的情况下,快速、明了地获得必要的信息,从而确定是否对论文感兴趣,是否要阅读全文。摘要通常为一个段落,应陈述研究的目的及范围,描述采用的方法,总结归纳研究结果及陈述主要结论。摘要通常采用一般现在时或一般过去时。摘要中应不提及研究中没有涉及的内容,不引用参考文献,不出现表格等。摘要是以提供文献内容梗概为目的,多以第三人称写法,简明、确切地记述论文重要内容的完整短文,因其是二次文献,应具有独立性和自明性,并拥有与一次文献等量的主要信息。

4.1.1　摘要的类型

英文电力科技论文摘要按其内容主要分为两大类:说明性摘要及信息性摘要。下面就两类摘要分别进行说明。

(1)说明性摘要 (Indicative Abstract)

说明性摘要常称为描述性摘要(Descriptive Abstract),一般简明地介绍论文涉及的议题和论点。无论论文本身的长度如何,说明性摘要一般仅用两三句话概括论文的主题,而不涉及结论和论据。多用于综述、会议报告类论文等。

(2)信息性摘要(Informative Abstract)

信息性摘要的特点是全面、简要地概括论文的目的、方法、主要数据和结论。摘要须简短,并力求对科学调查进行详尽解释,它应包括:研究的目的及原理阐述;研究的基本方法及得出的结果及结论。(Martha Davis,2004:113)

4.1.2 摘要的基本结构及内容

论文摘要的内容通常分为四方面:目前存在的问题及研究目的;研究的主要内容及采用的方法(实验设计与方法);研究结果;研究工作的主要结论。一般英文摘要为不分段的文字摘要,不含图、表、文献等。英文论文摘要一般为200—300字,EI论文摘要的字数一般为150个英语单词,因此,英文摘要尽量用最简洁的语言来表达论文的主要信息。

4.2 摘要的撰写技巧

一篇好的摘要能使读者迅速了解一篇文献的基本内容,准确把握与读者所研究课题的相互关系,从而决定是否阅读全文。摘要应简洁、清楚地表达论文论述的内容;说明研究的范围和主要对象;描述所用方法;总结结果;阐明主要结论。摘要中不可包含本领域的常识性内容,不可出现正文中不存在的新内容,一般不对研究工作进行评论和展望,且摘要第一句要避免与题名重复。摘要中最好不要出现图、表和公式等内容,以方便检索系统录入。摘要的水平决定了论文的阅读频次。特别是在目前信息网络的时代,摘要对增加检索、吸引读者和提高被引用频次起着不可忽视的作用。

4.2.1 摘要撰写的一般技巧

撰写英文论文摘要时,句法、词汇、时态的使用尤为重要。电力科技论文摘要中的句子首先要做到主谓一致;其次,一般现在时或一般过去时使用较多;另外,多用非谓语动词形式以达到语言表达简洁的目的。语态也是撰写英文论文时的重要方面。事实上,大量英文科技论文采用被动语态。从词语的使用上讲,论文中使用形容词和副词要慎重,像very,much,rather等修饰词不用于论文摘要中。

(1)主谓一致

电力科技论文摘要中主语的人称和数必须和谓语动词保持一致。这一语法现象的关键在于,要对主语的数做出正确的判断,并以此为依据确定谓语动词的形式。

主语中含并列连词and时,应区分是单个主语还是并列主语。如果主语是单数的,则谓语动词应为单数形式;如果主语是复数,则谓语动词应为复数形式。

【例1】

A daily income and outgo from sold or purchased power is also added.

例1的income and outgo由and连接,指“收支”,属于单数主语,谓语动词则使用单数形式is added。

【例2】

To overcome this drawback, a hybrid genetic algorithm and bacterial foraging (HGABF) approach is presented in this paper to solve the dynamic economic dispatch problem considering valve-point effects, ramp-rate limits and transmission losses.

例2中的主语虽然使用了and一词,但其用于连接修饰approach的形容词部分a hybrid genetic algorithm和bacterial foraging,因此属于单数主语,其谓语动词应为单数is presented。

当集合名词在整个组合的情况下才具有一定意义,那么谓语动词多用单数,而且集合名词前多用the。如果集合名词表示集合的个体,谓语动词则应该用复数形式,而该集合名词多用冠词a。常见的集合名词有:majority,range,couple,number,series,dozen,pair,variety,group等。

【例3】

The series is arranged in order of decreasing size.

例3中的series作为集合名词,前面加定冠词the,谓语动词用单数is arranged。

(2)省去冗余词汇或结构

摘要的字数有限,其中的句子应力求简明、清晰、准确。有些冗余的词汇可以省略,繁复的句子结构可以简化,尽量用单词代替短语、短语代替句子进行表达。

【例4】

The Micro Grid considered in this paper consists of a wind turbine, a micro turbine, a diesel generator, a photovoltaic array, a fuel cell, and a battery storage.

例4用过去分词短语considered in this paper代替从句which is considered in this paper显得更简洁。

【例5】

Prior to the optimization of the Micro Grid itself, models for the system components are determined using real data.

如果例5的介词短语prior to the optimization of the Micro Grid itself用句子before the Micro Grid itself is optimized的话,句子就比较繁复了。

【例6】

To illustrate the effectiveness of the HGABF approach, several test systems with different numbers of generating units are used.

例 6 中用 to illustrate...代替 in order to illustrate...,用单一词汇代替短语,省去了多余的词,也会更加简洁。

(3)过去分词短语代替被动式从句

为了表达简洁明了,摘要中的句子常用过去分词做定语代替定语从句的被动式。

【例 7】

The electrical power supplied by the photovoltaic (PV) array depends on insolation, temperature and load.

原句中用了过去分词 supplied 做定语,修饰主语 the electrical power,而没有写成定语从句。

【例 8】

On the other hand, the actual power produced by the PV array is not fully transferred to the load.

例 8 中用 produced by...代替含被动语态的定语从句 which is produced by...。

(4)使用肯定句

摘要中尽量使用肯定句,虽然双重否定也表达肯定意义,但尽量避免使用。

【例 9】

The classical ABC theory is shown to be a particular case of the presented generalized compensation approach.

【例 10】

A brief introduction to bifurcation theory is included in the paper for completeness.

例 9 及例 10 中的谓语动词分别使用了 is shown 和 is included,均为肯定句。

(5)尽量使用短句、简单句

摘要中尽量使用简单句,以避免长句所造成的语义不清。

【例 11】

A FM type algorithm includes operations executed on several levels of analysis: lower (subsystems) levels and higher (system) level.

本例中用过去分词短语 executed on several levels of analysis 做定语,修饰 operations,以避免写成定语从句。

【例 12】

Finally, the properties of the load-shedding algorithm are evaluated by carrying out an experimental study on the standard IEEE 30 bus system.

上面的例子中使用介词短语 by carrying out an experimental...,使整个句子构成了简单句。

【例13】

Using an embedded feedback mechanism, the fair load-shedding algorithm can determine a marginal compensation price for each load-shedding participant in real time based on the proportional fairness criterion, without knowing the shedding costs of the participants.

虽然例13句子很长,但只有一个谓语动词 can determine,通过运用分词短语 using an embedded feedback mechanism 和介词短语 without knowing the shedding costs of the participants 构成了简单句,读起来更清楚、明白。

(6) 句子间的连贯

句子之间的连贯性也是摘要写作需要注意的。汉语的连词使用较少,但英语句子之间的逻辑关系则要依靠相应的连词来完成。

【例14】

A fair load-shedding algorithm is proposed to solve the problem in a decentralized manner, where a load-shedding participant need only monitor its own operational status and interact with its neighboring participants.

【例15】

The author starts by examining various sets of conditions ensuring the exactitude of such a relaxation, which is the main focus of the existing literature.

【例16】

The HGABF approach can be derived by integrating BF algorithm and genetic algorithm (GA), so that the BF's drawback can be treated before employing it to solve the complex and high dimensioned search space of the DED problem.

上述三例分别使用了连词 where, which, so that 使句子更紧凑,连贯性更强。

(7)使用非限定性动词

在摘要中常使用非限定性动词即非谓语动词。非谓语动词主要包括分词、动名词和动词不定式,他们可使句子简练而紧凑。

【例17】

Hence, proposing an effective solution method for this optimization problem is of great interest.

【例18】

To form a more promising convergence sequence and to refrain from the occurrence of unfeasible solutions, GA operators are redesigned according to the specific characteristics of the problem to be solved.

【例 19】

The problem of selecting and tuning the parameters of a neurofuzzy controller using genetic algorithms is discussed in this paper.

例 17 中使用了现在分词短语 proposing an effective solution method ... 做主语,例 18 则为两个动词不定式短语 to form a more promising convergence sequence 和 to refrain from the occurrence of unfeasible solutions 做状语,而例 19 使用了动名词短语 selecting and tuning the parameters of a neurofuzzy controller 及分词短语 using genetic algorithms。

4.2.2 摘要写作的时态

英文摘要常采用一般现在时、一般过去时,少用现在完成时、过去完成时,进行时态和其他时态基本不用。

(1)一般现在时

英文摘要时态的运用也以简练为佳,常用一般现在时。一般现在时用于说明研究的目的、研究的内容、研究结果及结论。一般现在时当然也可用于表达公认事实、自然规律、永恒真理等。

【例 20】

This paper presents a generalization of the ABC compensation theory based on mathematical optimization which integrates the neutral losses into the optimization model.

【例 21】

Four different compensation objectives are studied: invariant instantaneous power, constant power, unity power factor, and pure sinusoidal current.

【例 22】

The main contribution of this paper is the generalization of the ABC theory considering conflictive objectives which include among them the minimization of the network losses.

以上三个例子中出现的谓语动词分别为 presents, are studied, is, include, 均为一般现在时。

(2)一般过去时

用于叙述过去某一时刻(时段)的发现、某一研究过程(实验、观察、调查等过程)。

【例 23】

To validate the proposed technique, a prototype of a FC power converter (a 600-W two-phase interleaved boost DC－DC converter) was constructed in the laboratory, and the control algorithm was implemented to control the prototype using ad SPACE 1104 controller card.

【例24】

Universal Mobile Telecommunication System (UMTS), the 3G standard for mobile communication networks, was developed to provide high speed data transmission with reliable service performance for mobile users.

上面的23和24例中分别使用了动词 was constructed 和 was developed 表示在过去某段时间已经发生的事情。

(3) 现在完成时

在英文摘要中,现在完成时使用较少,现在完成时通常把过去发生的或过去已经完成的事情与现在联系起来。

【例25】

Studying these unwanted events and making solid predictions about the outcomes of the interruptions has been an attractive area of interest for the researchers for the last couple of decades.

【例26】

During the last years wind power has emerged as one of the most important sources in the power generation share.

上述两例中的谓语动词均使用了现在完成时态 has been 和 has emerged,表示动作发生在过去但对现在有影响。

4.2.3　摘要写作的人称与语态

从语法角度看,摘要的人称、时态、语态、句式有如下特点:在人称上,论文中英文摘要应该用第三人称表达。一方面,摘要属于报告、论文,是不加注释和评论的简短陈述,若用第一人称,给读者的感觉像自我介绍和评论,不符合摘要的性质;另一方面,英文摘要可能会作为第二文献出现在检索期刊上,它就成为一篇脱离原文的独立文章。因此,必须使用第三人称,摘要中不能出现 We 或 I,只能以 the authors, the author, the paper 表达。(赵有斌,2001:57)根据句子及要表达内容等具体情况,可以采用主动语态或者被动语态。

【例27】

The classical ABC theory is shown to be a particular case of the presented generalized compensation approach.

【例28】

In addition, the proposed compensation strategy optimizes the line currents and therefore minimizes the network losses.

【例 29】

Through these four cases, the flexibility and simplicity of implementation of this approach is demonstrated.

例 27—29 的主语分别为 the classical ABC theory,the proposed compensation strategy 及 the flexibility and simplicity of implementation of this approach,均为物做主语。根据需求,例 27 和例 29 采用了被动语态,例 28 使用了主动语态。

在摘要中是采用主动语态还是被动语态则要根据表达的需要。主动语态在摘要中使用越来越广泛,因为主动语态使得文字更加清晰、简洁,表达有力。

【例 30】

These results show the effectiveness and the superiority of the introduced method over other published methods.

【例 31】

The original bacterial foraging (BF) optimization algorithm suffers from poor convergence characteristics for larger constrained problems.

电力科技论文主要是说明事实经过,重点不是完成者。至于那件事是谁做的,无须说明。

【例 32】

The results of HGABF approach are compared with those obtained by other published methods employing the same test systems.

【例 33】

To illustrate the effectiveness of the HGABF approach, several test systems with different numbers of generating units are used.

【例 34】

To overcome this drawback, a hybrid genetic algorithm and bacterial foraging (HGABF) approach is presented in this paper to solve the dynamic economic dispatch problem considering valve-point effects, ramp-rate limits and transmission losses.

例 32—34 分别使用了被动式谓语动词 are compared,are used 和 is presented。

4.2.4 句子的衔接与连贯

为使句子衔接、连贯,即从一个句子自然过渡到另一个句子,摘要中常需要使用表示叙事顺序、补充说明、结果、对比的衔接性连词或副词。

【例 35】

It is a critical problem to check whether the SE results are credible enough to be used for online decision making or close-loop control. However, there are few published works focusing on this topic till now.

【例36】

The electrical power supplied by the photovoltaic (PV) array depends on insolation, temperature and load. On the other hand, the actual power produced by the PV array is not fully transferred to the load. Therefore, it is necessary to extract maximum power from PV array.

例35用副词however将例句中的两个句子连接起来。例36则首先用介词短语on the other hand将第一句和第二句衔接起来,又使用了therefore将第二句和第三句衔接起来,表示对比。

【例37】

The accuracy of SE results can be affected by various factors, many of them are very difficult to quantify. Hence a feasible method is used to estimate the accuracy of SE results based on residuals.

例37使用副词hence将两句衔接起来表示因果关系。

4.3 不同类型摘要举例

由于摘要的类型不同,其作用有差异,篇幅及字数也不相同,下面分别就说明性摘要和信息性摘要进行举例。

4.3.1 说明性摘要

说明性摘要(Indicative Abstract)通常概括研究目的,使读者对论文的主要信息有一个大概了解,而不介绍研究的方法、结果和结论等。因此摘要多为几个简单句,字数一般为100字左右。以下例子源自2013年*International Journal of Electrical Power & Energy Systems*中的论文Analysis of Transient Electric Field Distribution inside the Large Generator under Strong Surge Voltage摘要,*IEEE Transactions on Power Delivery*刊登的1991年第六卷由M. A. Redfern等发表的A Personal Computer Based System for the Laboratory Evaluation of High Performance Power System Protection Relays及2015年119卷*Electric Power Systems Research*杂志刊登的Julio Cesar Rosas-Caro等人撰写的DC-DC Multiplier Boost Converter with Resonant Switching的摘要。

【例38】

In the large hydropower station, the large generators will be suffer from the electrical damage under the powerful surge voltage, and they may be easily stricken by some surge voltage from the power transmission lines at any time, in which the hazard of transient over-voltage is more serious to the internal electrical insulation of the large generator. Therefore, it is very necessary to analyze the transient electric field distribution for protecting the electrical insulation inside the large generators. In the paper, the analysis of transient electric field distribution inside the large generator under strong surge voltage is presented, in which a field-circuit calculation method is approached, and the transient electric field distribution inside the large generator is fully analyzed by the hybrid analysis method.

上面的摘要共 3 句话,第一句讲述了大型水电站的发电机所遭遇的情况(the large generators will suffer from the electrical damage...; be easily stricken by some surge voltage)。第二句讲述了进行分析的必要性(it is very necessary to analyze the transient electric field ... inside the large generators)。第三句则说明了要做的具体内容(the analysis of transient electric field distribution... is presented; the transient electric field distribution inside the large generator is fully analyzed)。从中可以看出,本摘要只是对研究进行了总体描述,没有涉及更加具体的研究的四步骤。

【例 39】

The power system simulation system described in this paper provides a relay under evaluation with current and voltage inputs similar to those that it would encounter under service and fault conditions. Using digital transient simulation programmes to model power system behaviour, the facility provides an effective bandwidth for both the current and voltage relay inputs. The relay's outputs are automatically monitored during the test, enabling a detailed report of its response to be produced. The application of the system is illustrated by the evaluation of a new EHV Teed feeder relaying system.

上面的摘要共 92 个词,四句话,第一句 The power system simulation system ... in this paper provides a relay 讲述了研究要干什么,第二、三句 the facility provides an effective...及 the relay's outputs are automatically monitored...则是具体说明,最后一句 the application of the system is illustrated...说明这一应用被证实。

【例 40】

This paper proposes an improved Multilevel Boost Converter, also known as Multiplier Boost Converter, in which the spike-type current among capacitors is eliminated through one resonant inductor, achieving some resonant-type current waveforms. Experimental results demonstrate the applicability of the proposition.

例 40 是共 40 词的摘要,仅有两句话,简要说明了论文提出的改良 Multilevel

Boost Converter 及试验结果。

4.3.2　信息性摘要

信息性摘要中一般涉及论文研究目的、方法、结果与结论，是论文的浓缩。电力科技论文的摘要多为信息型摘要，一般以 150—300 词为宜。下面的 38—39 例源自于 *Electric Power Systems Research* 杂志 2004 年第 2 期 113—123 页 Noraliza Hamzah 等所著论文 A new approach to locate the voltage sag source using real current component 的摘要及 2015 年 2 月 119 卷，19—24 页 Danton D. Ferreira 等人的 Method based on independent component analysis for harmonic extraction from power system signals 论文摘要。

【例 41】

Voltage sag can cause hours of downtime, substantial loss of product and also can attribute to malfunctions, instabilities and shorter lifetime of the load. Accurate voltage sag source location can help to minimize the loss and problems caused by voltage sag in a power distribution system. This paper proposes a new method to locate the source of voltage sag in a power distribution system. The proposed method uses the polarity of the real current component to determine the sag location relative to the monitoring point. The product of the RMS current and the power factor angle at the monitoring point is employed for the sag source location. A graph of this product against time is plotted. The voltage sag source location is determined by examining the polarity of the RMS current at the beginning of the sag. The proposed method has been verified by simulations and the results are proven to be in agreement when compared with the slope of system trajectory method.

摘要首先说明了电压下降的危害，精准电压凹陷源定位的方法能够减少上述问题，本文提出新方法解决这一问题：Voltage sag can cause hours of downtime...；Accurate voltage sag source location can help to minimize the loss...；This paper proposes a new method to locate...这三句讲出了研究的目的。其次，用了四句讲述了具体的方法：The proposed method uses the polarity of the real current...；The product of the RMS current...is employed；A graph of this product against time is plotted；The voltage sag source location is determined by examining...。最后，用两句话陈述了方法被如何验证及结果如何：The proposed method has been verified by...；the results are proven to be...。

有时由于篇幅或所做研究内容所限，摘要的内容不一定完全包括常提到的 4 个要素，但最重要的是阐明研究结果。

【例 42】

This paper presents a new application of independent component analysis for harmonic component extraction from power system signals (voltage and current). The harmonics to be extracted can be time varying and the method does not require synchronous sampling, which means it is able to work in off-nominal frequency. The proposed method has shown to be simple in the operational stage. The method was tested using both simulated and real signals, and performance was evaluated using measures in both frequency and time domains. Results were compared with another method available in the literature.

这篇属于简要摘要,包括四项主要内容:研究目的(This paper presents a new application...);所研究内容(The harmonics to be extracted can be time);所研究结果(The proposed method has shown to be simple);结论(method was tested ... and performance was evaluated, Results were compared...)。无论摘要是完整性的还是比较简明的,都必须将摘要写作的重点放在介绍研究成果上,并能让读者更深入了解研究的过程和意义。

4.4 摘要的常见句型与表达方法

在对摘要中的研究目的、研究过程、研究结论等表达时,常采用如下词语或句型。

4.4.1 介绍主题或背景

在直接点出主题、介绍相关知识或者某领域业已取得的研究成果时,常用的词有: deal with, describe, report, review, outline, investigate, describe, explain, illustrate, introduce, present 等,上述动词也可用作被动语态。

【例 43】

This paper presents theoretical foundations for the application of the principles of functional modelling (FM) to the electrical power systems optimization problems and concrete algorithms for the solution as optimal operation and optimal development problems.

【例 44】

A model of a power system with load dynamics is studied by investigating voltage collapse phenomena and sustained oscillation with a fast exciter.

【例 45】

To overcome this drawback, a hybrid genetic algorithm and bacterial foraging

(HGABF) approach is presented in this paper to solve the dynamic economic dispatch problem considering valve-point effects, ramp-rate limits and transmission losses.

上述例子中使用了 present 及 study 的主动或被动语态，引出主题。例 43 直接指出本项研究为……提供理论基础；例 44 则直接告诉读者论文是对 model of a power system 进行了研究；例 45 某种方法被研究并提出以解决动态经济调度问题。读者对论文要研究的主要问题一目了然。

4.4.2 说明研究目的

在引出研究或写作目的时，常使用如下句式：The aim of the study is to...; This study aims to...; The research aims at...; The purpose of the study is to...; The paper is intended to...; The research is aimed at identifying...。

【例 46】

The purpose of proposed three-phase four-leg VSI based LUC is to improve power quality of the standalone microgrid.

【例 47】

This paper aims at providing a systematic research on the SE accuracy evaluation problem and proposes a new SE accuracy evaluation index.

例 46 和例 47 中分别用 the purpose...is 和 this paper aims at...很好地说明了研究目的。

4.4.3 介绍研究过程及研究范围

在描述研究过程和研究范围时，常用如下句式：The paper analyzes...; The paper states...; The study includes...; The study outlines...; The principle of... is proposed; The research contains...; The paper covers...。

【例 48】

The wind farm rectifiers and grid connected inverters are analyzed through their operating modes, governing equations and graphical characteristics.

【例 49】

Though, it is not easy to give a general view at the state of the art for the research area since it is rapid and going in different directions, this paper focuses on the main streams.

【例 50】

In this paper, an alternative nonlinear single-loop feedback control scheme is proposed.

以上例子中的 analyze, focus 和 propose 很好地引出了研究范围和过程。

4.4.4 阐明论证及依据

阐明论证及依据常用的词语有：confirm, demonstrate, find, identify, indicate, monitor, point out, prove, provide 等。常用句式为：The result of ...shows that...; The ... are found to be...; The result provides...; The study ...indicates...; The multiphase intergrowth is proved to be...; Based on the theory...; The research is based on...。

【例 51】

The results show that the proposed LUC helps to improve stability of the stand-alone microgrid.

【例 52】

Finally, based on the reviewed state of the art, the study concludes by comparing the different approaches reported.

【例 53】

This scheme is based on the differential flatness concept, which provides a solution to achieve the preferred response using a less sophisticated algorithm.

【例 54】

This approach is based on Bialek's tracing method which specifies the contribution of each nodal generation/demand in power flow of a particular line.

4.4.5 说明实验过程

在说明实验过程时，常用动词 sample, test, experiment 等，也可用 experiment, test 的名词形式，与 carry out, make 搭配使用。常用句式有：...has been carried out...; ... has been tested in...; ...was collected...。

【例 55】

Proposed modelling approach has been carried out in generic fashion so that power systems of any description can be configured easily by using a user interface simple selection menu.

【例 56】

The operation of the system with the proposed control scheme is verified by varying the irradiation levels and the relevant results are presented.

【例 57】

Numerical studies are conducted on the load curve of the Iranian power grid in 2007.

【例 58】

The capability of the OPA is tested by using a real section of the West Delta subtransmission network.

4.4.6　介绍应用及用途

说明用途或应用时，常使用名词 application，use，有时也选用动词 apply，use 等。常见句式有：In the paper，the method is applied in…；The application of the new design is used to…；The use of … is to…。

【例 59】

In this work，the Mesh Adaptive Direct Search (MADS) algorithm is used to minimize the cost function of the system while constraining it to meet the customer demand and safety of the system.

【例 60】

The proposed three-phase four-leg VSI based LUC and its control algorithm can be effectively utilized to the stand alone microgrid which has large unbalance loads.

【例 61】

RTTR is applied on all distribution network components with simulated scenarios involving various levels of DG penetration.

4.4.7　介绍研究结果

介绍研究结果可以使用动词 result，cause，characterize，show，present。常用词组有 as a result，result in，arrive in 等，或者使用这些动词的相应名词。

【例 62】

The results obtained confirm that this method has superior denoising capabilities when compared to other WT-based methods found in the literature for the processing of Gaussian and discrete spectral interferences.

【例 63】

The obtained results show the feasibility and capability of the proposed algorithm. A comprehensive analysis of the GA methodology with the proposed method is also presented.

【例 64】

Then，it is formally demonstrated that the proposed controller actually meets the desired control objectives.

4.4.8　介绍结论

描述论证的结论常用 conclude，conclusion，summary，lead to，in conclusion 等及句型 It is concluded that…。

【例 65】

Although the technical development of such thermoelectronic generators will require further substantial efforts, the author concludes that a highly efficient transformation of heat to electric power may well be achieved.

【例 66】

A brief introduction to bifurcation theory is also included in the paper for completeness.

4.4.9 突出论文重点

在提示论文重点时，常用的动词及词组有：concentrate, emphasize, focus on, place emphasis on 等；也可使用句型 There has been a focus on..., the primary concern is 等。

【例 67】

This paper concentrates on modeling and performance predetermination of a photovoltaic (PV) system with a boost converter fed permanent magnet direct current (PMDC) motor-centrifugal pump load, taking the converter losses into account.

【例 68】

This paper focuses on developing an efficient and reliable wide area voltage and frequency measurements through UMTS mobile communication technology.

以上两例中分别使用了动词 concentrate 和词组 focus on 来突出论文重点要研究的内容。

4.4.10 推荐与建议

在摘要的结尾处提出建议时可以用 propose, suggest, recommend 等动词或采用这些动词的名词形式 suggestion, recommendation 向读者推荐研究成果。

【例 69】

This paper proposes a new evolutionary algorithm (EA) for solving the distribution feeder reconfiguration (DFR) problem for a 33-bus and a 16-bus sample network, which effectively ensures the loss minimization.

【例 70】

Recommendations are drawn to select the best signal pairs available from WPPs to contribute to power oscillations damping.

4.5 关键词的撰写

关键词同摘要均不属于论文的正文，关键词一般位于摘要之后，是论文中主要内容的最重要的单词或词组，是摘要内容的浓缩。关键词可源自论文题目、论文摘要、论文小标题、论文的结论及全文。选择关键词的原则是：关键词不能完全源自论文标题;关键词之间不能重复;不能是论文之外的词语。

4.5.1　关键词的作用

关键词是电力科技论文的重要组成部分,把在论文中起关键作用、最能说明问题的、代表论文内容特征的或最具有意义的词选出来,在摘要的配合下,可让读者更准确、迅速、科学、全面地获取科研信息。(马妍春,黄可心,1999:626)关键词是将文献原来所用的,能描述其主题概念的关键性的词抽出,不进行规范化处理,以此提供检索途径。

4.5.2　关键词的选定标准

关键词(Keywords)是为了对文章进行检索而做的标引,即赋予某篇文献的检索标识。关键词的正确选定有助于提高检索效率。合理选用关键词有利于该篇论文被检出和引用。通过关键词的逻辑组合可以清晰地提示论文的主题内容。另外,关键词应该有独立的检索意义,因为关键词本身应该具备检索功能,所以没有检索意义的词不作为关键词。关键词要反映新学科、新理论、新技术、新材料等新出现的概念。

在关键词选取时,可从三个层次上选取:普通关键词、过渡性关键词和特指性关键词。普通关键词对于表述论文的领域或类型有意义,如 simulation, model, recognition 等,但对于精确筛选论文的作用相对不大,它们无助于将论文置于读者所搜获论文题名清单的顶部。过渡性关键词在论文筛选中比较有用,它们常常与某几个研究领域共同拥有的方法或较大的次级学科领域有关。特指性关键词对于潜在读者准确筛选论文是极其有用的。要确保论文题名中包含有多个层次的关键词,通常情况下,可根据具体需要分别选取1—2个普通关键词和过渡性关键词;选取2—4个特指性关键词。

关键词大多是名词或以名词为中心,由动词、形容词等词与名词组成的名词性词组;关键词具有专指性,即一个词或者词组只能表示一个概念;关键词具有简明性,即关键词通常是专业术语,是经过反复推敲的词或词组,应简明、精炼。作者应该认真研究论文标题、摘要、正文内容等,提炼主题概念,选用能准确表达论文主题的词语。关键词不都是源于题目,常见的关键词来源为:论文题目;摘要;论文小标题;结论;全文。关键词一般为3—8个。

4.5.3　关键词的引用步骤

一篇论文完成后,作者要认真审读全文,进行准确、客观、如实的主题分析,通过浏览篇名、摘要、正文,正确理解和判断文中的主要内容和要点,抓住创新观点和最有价值的方法及结果,经分析、判断而初选关键词。关键词应包括能够反映论文主要工作内容的词汇、文章研究得到的成果名称或文内若干个成果的总类别名称、该文在得到上述成果或结论时采用的科学研究方法的具体名称、文献作为主要研究对象的事物或物质的名称、在题目中出现的作者认为重要的名词或者列出作者认为有利于检索和文献利用的其他关键词。(周命德,2013:136)关键词引用时采取"关键性"递减的顺序排列。一般来说,首先引用反映论文研究目的、对象、范围、方法、过程等内容的关键词,然后是揭示研究结果、意义、价值的关键词。

以下例子源自 *Electric Power Systems Research* Damijan Kopse 等所著论文 Applying a wide-area measurement system to validate the dynamic model of a part of European power system, simulation, 2015 年 119 卷 pp.1 – 10 M.H. Albadi, 和 E.F. El-Saadany 论文 A summary of demand response in electricity markets 2008 年 11 月 11 期 pp.1989 – 1996 页。

【例 71】

Keywords:

Power system; Dynamic model; Simulation; Stability; WAMS; Model validation

上例中的第一和第二个关键词均选自论文标题 Applying a wide-area measurement system to validate the dynamic model of a part of European power system, Simulation 和 WAMS 源自摘要,而 Stability 及 Model validation 则取自论文中。

【例 72】

Keywords:

Demand response; Price elasticity; Real time pricing; Electricity markets

本摘要中共 4 个关键词,其中两个 Demand response 和 Electricity markets 源自标题——A summary of demand response in electricity markets。而另外两个关键词 Price elasticity 及 Real time pricing 没有出现在摘要(This paper presents a summary of Demand Response (DR) in deregulated electricity markets. The definition and the classification of DR as well as potential benefits and associated cost components are presented. In addition, the most common indices used for DR measurement and evaluation are highlighted, and some utilities' experiences with different demand response programs are discussed. Finally, the effect of demand response in electricity prices is highlighted using a simulated case study.)中,那么,则应该取自论文中了。

【例 73】

Keywords:

Voltage stability; Shunt reactive compensation; Channel components transformation

该例子中共有三个关键词,均选自论文标题 Application of Channel Components Transform to Design Shunt Reactive Compensation for Voltage Stability Improvement。

【例 74】

Keywords:

State estimation; Linear programming; Weighted absolute value; Interior point methods

上例共有 4 个关键词,其中 State estimation 和 Interior point methods 选自论文标题(Solving state estimation in power systems by an interior point method),另一个关键词 Linear programming 选自摘要的第一句 A linear programming formulation is employed to solve the static state estimation problem in power systems using the primal-dual predictor-corrector algorithm。而关键词 Weighted absolute value 则源自论文。

4.5.4　关键词的排序

关键词如果大多来自论文标题,则以其在标题中出现的顺序排列。英文关键词一般编排在英文摘要(Abstract)之后,另起一行开始。各关键词(或词组)之间大多用两个空格进行分隔,随着计算机技术的发展,为了便于计算机检索,现多采用分隔符来间隔各关键词,如,有用";"的,也有用","的。英文关键词一般多采用大写形式或首字母大写形式。下面前两例源自 *Electric Power Systems Research* 杂志 2011 年 81 卷(pp.699 – 706,pp.644 – 659)Hilton de Oliveira Mota,M.C. de Almeida 等所著论文 Optimal placement of faulted circuit indicators in power distribution systems 及 Partial discharge signal denoising with spatially adaptive wavelet thresholding and support vector machines。

【例 75】

Keywords:

Fault location; Impedance-based methods; Sensor placement; Genetic algorithm

【例 76】

Keywords:

Partial discharges; Wavelet transform; SVM; Denoising; On-site measurements

【例 77】

Keywords:

Genetic algorithm; Unit maintenance scheduling; Power system

例 77 中的三个关键词均来自论文标题 A new genetic algorithm for preventive unit maintenance scheduling of power systems,并按标题中出现的顺序排列的。

第 5 章　导论部分的撰写

导论，又称引言、前言，如果发表在国外期刊或国际会议论文集中，一般用 Introduction 来表述。导论作为论文的开头，主要回答了“为什么要研究”的问题。在导论部分中，作者要说明撰写论文的原因，介绍与项目研究相关的背景资料及文献回顾、前人的研究成果对本研究的影响及需要改进的地方，从而引出作者的写作目的、研究主题、研究价值以及预期结果和研究意义等。

导论部分的撰写需要符合一定的要求。首先，导论部分要条理清晰、言简意赅，以最精炼的语言叙述研究内容并阐明研究结果，字数一般控制在 450 字以内。根据具体的阐述内容，导论部分可以分为 2 到 4 个自然段进行撰写。其次，要引用相关文献，尽可能全面地介绍研究内容在过去及现在的研究状况，在文献选择上要仔细斟酌筛选，优先引用相关研究中的原始、重要和最具有说服力的文献。引用文献和数据要准确、精确，避免片面性。再次，对导论部分中出现的专门术语与缩写词要加以解释和定义，以使读者清晰明了地掌握课题研究的基本内容并明确文章的参考价值。（李士勇，2013:57）导论部分是论文的概述，对正文提纲挈领，吸引读者对论文产生阅读兴趣，在英文电力科技论文写作中具有举足轻重的作用。

5.1　背景材料与文献回顾的撰写

背景材料是给读者提供信息背景的，一般位于导论的开头部分。背景材料及文献回顾有相对固定的常用表达方式。

5.1.1　基本内容及组织形式

英文电力科技论文导论部分一般包括以下基本内容：阐述研究背景；介绍前辈专家学者对该研究项目的研究成果及现实情况，在肯定前人研究成果的同时，客观地提出其存在的问题及需要进一步研究、有待改善及提升的方面；说明选题性质及重要性，介绍研究方法，阐明研究目的及需要解决的问题；强调研究开展的主要意义及价值。导论部分的基本组织结构为“提出研究对象——进行背景介绍——提出存在问题——阐释论文意义和价值”，有时也可在“提出存在问题”之后引出论文的“研究对象”。

【例1】

TCSC is an important component of flexible AC transmission systems (FACTS) and of great significance for improving the power delivery ability and the system stability in electric power system. As we know, the power system is a complex nonlinear and astronomical system, so only with the conventional linear control methods it will not be easy to meet its control requirements.

Only when used in non-time-varying system model, can PID algorithm obtain the desired results. When a PID controller which the parameters has been adjusted was applied in the time varying system model parameters, the system performance will deteriorate. In addition, setting for PID parameter has a number of limitations, and therefore such controller can not solve the problem in dynamic quality and steady-state accuracy contradictions fundamentally. Fuzzy control is suited in fuzzy reasoning, and imitates the thinking of human. It is a control strategy which is used in the mathematical models that is difficult to establish accurately. However, there are still some limitations in the fuzzy control application, especially in the static and dynamic field. Neural network control can fully approximate any complex nonlinear system, in which all the quantitative or qualitative information is stored in every distributed neurons of network, so it has a better robustness and fault tolerance. And if with the parallel distributed processing approach, making a large number of operations quickly is possible.

This paper presents the fuzzy adaptive PID controller based on BP neural network method. If combining it with the conventional control methods for TCSC impedance control, the systemtransient stability can be improved. So it has a good practicality, and can get satisfactory output.

原文是 Wenjin Dai 2011 年 *Electronic Specialty Course* 中 348 页论文 Fuzzy Self-adaptive PID Control Based on BP Neural Network for TCSC 的导论部分，在撰写过程中遵循了导论的基本结构。导论部分包括三个段落，依次为背景介绍、提出存在问题、提出研究对象并阐释论文意义和价值。在第一段，导论的开篇部分进行背景介绍：TCSC is an important component of flexible AC transmission systems (FACTS) … the system stability in electric power system。第二段结合相关文献提出现有模型及研究存在的问题：only with the conventional linear control methods it will not be easy to meet its control requirements...setting for PID parameter has a number of limitations... there are still some limitations in the fuzzy control application。基于现有模型的局限性,紧接着文章提出该论文的研究对象:the fuzzy adaptive PID controller based on BP neural network method,并阐释了该方法的合理性和有效性:Neural network control can fully approximate any complex nonlinear system, in which...making a large number of operations quickly is possible。在导论部分的第三段,即结尾部分,阐明了论文的价值及意义。通过对研究背景进行介绍,作者提出了目前研究存在的问题,并顺势提出了该论文的研究对象并阐释其意义和价值。

下面例子源自 M. Arab, M. Soltanieh 和 M. B. Shafii 发表于 *Experimental Thermal and Fluid Science*(2012),题目为 Experimental investigation of extra-long pulsating heat pipe application in solar water heaters 的论文。

【例 2】

Solar water heater is one of the devices that has been used in different shapes and types since ancient times. Studies have been carried out by Gertzos and Caouris, Ho and Chen, Al-Madani, Morrison et al, Zhang and Yamaguchi, Huang et al, Li et al. on different types of SWHs to achieve a better understanding of the dominate rules and mechanisms. In most of these researches, the aim of the study was to determine the performance or to improve the performance of a system. According to these studies, until now it is well-known that the performance of the systems which utilizes a heat pipe to transfer the absorbed heat from the solar absorber to the hot water reservoir is higher than when thermosyphon or heat-exchanger types are used. However, using heat pipes in this application causes adverse effects on economy of the SWHs while offers advantages regarding the flexibility in operation and application. After inventing PHP2 by Akachi and developing advanced type of them until 1996, it is claimed that PHPs have the performance close to that of capillary heat pipes at a cost comparable to that of regular thermosyphone.

There is another problem that limits the application of SWHs which is the high space requirement of these devices. The same limitation also applies to solar absorbers as well. This means that in places where there is a lack of good solar insolation or a shortage of installation area, using regular thermosyphon SWHs poses some difficulties.

As mentioned earlier, there is no literature on the application of PHPs in large-scale devices. In addition, using PHPs in SWHs seems promising in terms of economy of solar water heaters. Therefore, this experimental investigation aims at providing a better understanding of application of ELPHPs in SWHs. To do so, the structure of a typical pulsating heat pipe is modified to suit a typical solar water heater. Four cases are considered to find out if the modified pulsating heat pipe is suitable for solar applications. Efficiencies of heat pipe assisted solar water heaters are calculated and compared with traditional thermosyphon type. Furthermore, a number of suggestions are provided for improving the performance of heat pipe assisted solar water heaters. These suggestions are based on author's observations.

在例2导论部分中,作者在第一段首先说明了论文研究的问题,介绍了背景资料。接着,在论述中引用相关文献,阐述了前人在该领域研究取得的成果。第二段点明了已有文献和研究的不足之处。第三段第一句话起到了承上启下的作用,用句子As mentioned earlier, there is no literature on the application of PHPs in large-scale devices 让读者了解到:基于前人研究的局限性,作者将准备进行什么样的研究来弥补不足,从而引起审稿人和读者继续阅读的兴趣。于是,作者使用英语词组 aim at 展示了该实验研究的目的。至此,本篇论文的主题、研究动机、研究基础以及研究贡献清晰明了地呈现在读者面前。

5.1.2 背景资料

背景资料一般出现在英文电力科技论文导论部分的开头,为读者提供最重要的信息背景。对相关研究背景的交代切忌含糊其辞,应清晰准确地对研究内容进行背景介绍,提供充足的背景资料,让审稿人和作者了解论文内容的重要性以及撰写论文的意义和价值。下面例子源自 Sanli Tang 在 *Applied Mechanics and Materials* Vols. 536－537,pp.1374－1377(2014)发表的题目为 Design of Variable Cylinders Internal Combustion Engine with Energy Recovery Systems 的论文前言部分。

【例3】

As automobiles gain gravity in national economy, their fossil fuel consumption and CO_2 and NOx emission also compound. Consequently, increasing car engine efficiency is important in energetic saving and emission reduction.

For gasoline engines, the fuel consumption rate rises rapidly with the decline of shaft power when operating at low load. Since car engines usually works at partial load, for example, in crowded cities, they have high fuel consumption rate and cause wastage of fuels. On the other hand, deceleration, braking or idle state also cause energy loss. One recycling plan is hybrid electric vehicles. It decides the maximum engine power by the average needs. Batteries supplement the need at high load and collect energy at low load. As the engine always works at high efficiency, this kind of vehicle enjoys low fuel consumption rate. And the batteries can collect the energy lost in deceleration, braking or idle state.

However, hybrid vehicles are often too expensive. Another way is small-displacement vehicles which work at high load and low consumption. But these cars are always short in high speed performance. So we designed variable cylinders internal combustion engine.

在例3前言部分中,作者花了很大的篇幅清晰详细地对论文的研究背景进行了介绍。文章首先指出汽车在国民经济中发挥越来越重要的作用,然而大量汽车不但消耗大量的化石燃料,还排放出二氧化碳、氮氧化物等污染物:As automobiles gain gravity in national economy, their fossil fuel consumption and CO_2 and NOx emission also compound. 所以,汽车发动机效率的提高对于节能减排具有重大的意义。接着,作者提到了两种解决方案:一种是内燃机与电机的混合动力汽车(gasoline engines & hybrid electric vehicles),另一种是小排量汽车(small-displacement vehicles)。然而,这两种方案都存在自身的缺陷。可见,在文章的导论部分,作者用较大的篇幅对论文的写作背景进行了介绍,明确了文章的写作意图,引出主题:变缸数运行内燃机的设计具有与小排量车相近的节油功能以及与混合动力车相近的能量回收功能。

下面例子源自 Zhidong Wang et al.发表在 *Proceedings of the CESS*,题目为 Optimal Wind & Coal Plant Capacity Distribution Among the Sending & Receiving Nodes Based on Quantum PSO Algorithm 论文的前言部分。

【例4】

As global energy consumption increases rapidly, wind power ushers in the best development opportunity as a kind of important renewable energy form [1]. China is rich in wind resources, therefore it has a broad development prospect. According to the distribution of annual average wind power density of China drawn by Chinese Academy of Meteorological Sciences, the wind power of land total reserves reaches 3.226 billion KW in 10 meters height, first in the world [2]. But China's wind resources are mainly distributed in 'three northern regions [3], which usually have the small scale of the system and low load level[4].Wind power in these regions can't be fully exploited. So, it is a good idea to deliver large scale wind power to the power grid far away. But separate and long-distance transmission of electricity reduces the transmission channel utilization rate and increases the transmission economic expense, at the same time wind power that is transmitted alone, will inevitably lead to the frequent fluctuations on the transmission power due to the volatility of wind power, which is the detriment of the safe and stable operation of the system[5] .There are rich thermal power resources in the 'three northern' regions, so it's a good idea to transport wind power and thermal power together, which will reduce the transmission line power fluctuations, and improve the security of the whole system[6,7] .

例4为前言部分的第一段,该段对文章的背景进行了介绍,表达清晰,直入主题,向审稿人和读者说明了该文章的主要研究内容及研究的出发点:随着全球能源消耗的飞速增长,风电作为一种重要的可再生能源形式,迎来了最佳的发展时机(as global energy consumption ...as a kind of important renewable energy form)。中国风电资源丰富,发展前景广阔,但中国风电资源主要集中在“三北”地区,由于这些地区通常具有系统规模小、负荷水平低的特征,风电就地消纳不足。考虑“三北”地区火电资源丰富,若将风电与火电联合外送,并根据送受端调峰容量约束,对风火打捆容量进行优化配置,将有效减小输电线路功率波动,提高系统的安全性(there are rich thermal power resources ...which will reduce the transmission line power fluctuations, and improve the security of the whole system)。

5.1.3　背景资料的常用句型

英文电力科技论文导论部分中可以使用以下句型进行背景资料的介绍。

(1)对普遍现象或事实进行介绍时可以使用如下句型:there is...; X is...; X includes...。

【例5】

There is now a widespread view that the generation of harmonic currents must be regulated, not only to ensure that customers pay for the energy they use, but also to ensure the quality of supply to other customers in the market.

【例6】

The Siemens Energy Metering and Management System is a modular range of Remote Metering and Energy Management Systems designed to meet the needs of Energy Utilities and Suppliers into the 21st century.

【例7】

The increasingly important sources of harmonic currents in electrical distribution systems include: fluorescent lighting, diode rectifying circuits and thyristor controlled circuits.

(2)在阐述某些特定研究成果及研究内容时可以使用如下句型:... has been reported that...; there has been...; ...has been developed。

【例 8】

While the basic operation principles and characteristics of the proto-SCM have been reported, further improvements have been made, such as the adoption of double multiplication circuits to enable continuous measuring and a change of the circuit constant to enable its application to a standard watthour meter.

【例 9】

With the privatization of the Electricity Supply Industry in England, Wales and later in Scotland, there has been a radical change in the approach used to purchase electricity, both by the end-user customer and the distribution companies.

【例 10】

An energy conversion model for end-user groups such as a mineral processing plant, a mine winding system, an underground mining system, a compressed air system, an underground water pumping system has been developed.

5.1.4 文献回顾

文献回顾是英文电力科技论文导论部分不可缺少的内容,文献回顾的意义在于作者在客观地论述已有文献所取得的进展、贡献和不足之处后,进一步解释作者如何弥补已有文献的不足或者做出新的、有价值的贡献。在做文献回顾时,可以适当选取与本研究最相关的几篇文献,用一句或两句话总结其在该研究方面的成效。评价要客观,对前人的贡献要给予肯定。在文献回顾的最后,提出前人研究仍然存在的不足和缺陷,指出有待进一步研究和改进的方面,从而顺理成章地引出作者的研究动机、目的和价值。(傅十和,朱迪·M.佩雷拉, 2012:29)

文献回顾可以分别按照三个标准来排列。首先,可以依照时间顺序进行排列。这是一种相对方便、清晰的排列方式;其次,可以依照相关文献的主题与作者研究论文关系的紧密程度依次排列;再次,可以依照所要讨论的参考资料的不同类别进行排列。下面例子源自 Zifa Liu et al. 2013 年 7 月发表在 *Electric Power Construction*,题目为 Substation Optimization Planning Considering Distributed Generation 的论文。

【例 11】

In recent years, with the aggravation of the price of the energy and environment problems, development and utilization of renewable energy is becoming more and more important and the distribution generation(DG) is an effective support. Although the traditional distribution network planning theory has been rather mature [1]-[2], the study of switching power system which contains distribution generation is still on its way. The existing achievements focus on the location of the distribution generation and the distribution network expansion planning [3]. Overall, they only resolve the location and volume determination of distribution generation. With the rising of the proportion of distribution generation in the power system, the traditional distribution network planning theory can not adapt to the new distribution power system any more [4]. To solve the contradiction, the experts and scholars conduct a wide range of research and exploration, and they have obtained achievements to some extent [5]-[8].

Literature[9] established the variable weight multi-objective optimization to solve the location and volume determination of distribution generation and simulated the model by the improved multi-population genetic algorithm. The proposed model and algorithm both were more innovated than predecessors, which had certain practical value. Literature [10] put forward some suggestions to distribution network planning containing DG, which had preferable theoretical significance.

Literature [11] established target function with the minimum fuzzy expectations of operating cost based on fuzzy expectation model, and calculated by hybrid coding genetic algorithm. The research provided a good way to decide the uncertain factors during the distribution network planning with DG. Literature [12] put forward the method that exploited average capacity cost and the year load curve to allocate the volume of interruptible load, DG and distribution network flash capacity, in order to get further optimization of DG's location constant volume and line construction. Literature [13] used the variable inertia weight adaptive particle swarm optimization algorithm to solve the model, and gave a detailed analysis of distribution network planning which contained DG and not. Literature [14] proposed a new method to realize the location and volume determination of distribution generation in the extension planning of distribution network and computed by Genetic Algorithm (GA) algorithm.

It is easy to see that the existing literature mainly focuses on the location and volume optimization of distribution generation in distribution network, the expansion planning of distribution network containing DG, optimal combination of different DG and the impact on distribution network reliability of DG. Few literatures have researched on coordinating optimization of DG and substation, and the wide range of geographic space search optimization algorithm. The model established by this paper could just make up for the blank of DG research.

导论部分的第一段首先介绍了研究背景,并在结尾部分指出“国内外专家学者对含分布式电源的配电网规划进行了广泛的研究与探索,取得了一定的成效”,并用

[5]—[8]明确了具体的文献内容。同时,这也是一个承上启下的句子,既是对第一段背景介绍部分的总结,又引出了第二段文献回顾部分的内容。第二段,作者对本研究的相关文献进行了回顾并客观描述了各自的意义与贡献。如,文献[9]established the variable weight ... simulated the model by the improved multi-population genetic algorithm,明确了所提模型和算法均较前人有所创新,有一定的实用价值;文献[11]established target function ... and calculated by hybrid coding genetic algorithm,研究内容较好地解决了含分布式电源的配电网规划的不确定性因素,具有一定的参考价值。在对本研究相关文献进行回顾之后,作者在第三段具体分析了前人研究的成果,并指出其研究的局限性,最后明确了本文研究的主要内容:本文建立的考虑分布式电源和地理信息因素的变电站综合优化规划模型恰好能够弥补上述不足。

下面例子源自在 5.1.2 中提到的 Zhidong Wang et al.撰写的题目为 Optimal Wind & Coal Plant Capacity Distribution Among the Sending & Receiving Nodes Based on Quantum PSO Algorithm 论文前言部分的第二段和第三段。

【例 12】

For large-scale wind access system problems, domestic and foreign research direction mainly concentrated on a multi-objective optimization scheduling model including wind farms[8,9], determination of the spare capacity of wind fire system[10], and simulation to random production of power system including containing wind farms [11], etc. Few references involved the capacity allocation problem of combination transmission of wind power and thermal power. Literature[12] established the mathematics model of the value, that wind power means to power system operation; Literature [13] put forward an online rolling correction strategy which can effectively enhance the ability of dissolving wind power, and it also constructed the corresponding optimization scheduling model; Literature [14] came up with dispatching economic evaluation index of the wind power system with the power; Literature[15] established real-time scheduling model of power system containing large-scale wind power system. By using the chaos quantum particle swarm algorithm to simulate IEEE-118 nodes system, the literature verifies the effectiveness of the model and algorithm.

The existing literature mainly focuses on economic scheduling model, real-time scheduling model, the multi-objective optimization scheduling model, determination of the spare capacity of the wind and fire aid each other system of the large-scale wind power. To solve the combination problem, this paper constructed the integrated optimization objective function. The function is based on the construction cost and operation cost, restrained by peak-regulation capacity of sending-receiving side. A quantum particle swarm optimization algorithm (QPSO) was proposed to solve the objective function. The algorithm adopts the theory of quantum superposition state characteristics and probability express characteristics [16], potentially improving the optimum performance and optimum efficiency. Through quantum NOT gates operation, the algorithm overcomes the precocious phenomena of the particle swarm algorithm. Finally, a practical example of the model was proposed, which proves its scientific and effective values.

导论在第二段用三分之一的篇幅介绍了研究背景之后,用三分之二的篇幅对本研究领域的四个相关文献进行了回顾和介绍:文献[12]建立了风力发电对电力系统运行价值的数学模型(established the mathematics model of the value, that wind power means to power system operation);文献[13]提出了能有效提高电网消纳风电能力的发电计划在线滚动修正策略,并给出了相应的优化调度模型(put forward an online rolling correction strategy which can effectively enhance the ability of dissolving wind power, and it also constructed the corresponding optimization scheduling model);文献[14]提出了含风电系统的发电调度经济性评价指标(came up with dispatching economic evaluation index of the wind power system with the power)。在对该研究领域相关文献进行回顾和介绍之后,紧接着,作者在第三自然段指出了前人研究的局限性,顺势点明本文研究的主题,强调了研究的重要意义和价值:本文针对风火打捆联合外送问题,以送、受端调峰容量限制为约束条件,建立了以输电网投资等建设成本及包含供电损耗的运行成本为基础的综合优化目标函数。最后,通过一个算例验证了所建模型和算法的科学性和有效性。

5.1.5　文献回顾的常用句型

在英文电力科技论文写作中可以使用以下句型撰写导论的文献回顾部分。

(1)表示一些学者或某位学者对某个问题进行了研究可以使用如下句型:many researchers/certain researcher have/has investigated /examined/explored/studied/reported that…。

【例 13】

Fujii has reported that some of the processes can be reasonably explained by FCI mechanisms.

(2)表示之前某些或某位学者发现、提出研究问题时,一般使用“主语+谓语+宾语从句”的基本句型,语态使用主动语态:many researchers/certain researcher have /has studied/reported/found/shown/suggested/indicated/proposed/introduced that…。

【例 14】

Benjamin & Strasberg (1958; see also Benjamin 1964) have suggested that the erratic dancing motion of a bubble trapped in a standing acoustic wave is caused by the presence of shape oscillations that are parametrically excited by the bubble pulsations.

【例 15】

Doshi et al. have shown that, if water drops of low viscosity pinch off in a background of high viscosity oil, the dynamics of the fluid filament is not self-similar, and the process is nonuniversal.

【例 16】

Hao et al. proposed that these acoustic effects could be used to improve boiling heat transfer from a horizontal surface.

(3)研究内容做主语时,一般使用被动语态,常用句型如下:The problems/problem of sth. have/has been studied/investigated/examined/explored/discussed/considered /by certain researcher/several researchers。

【例 17】

Equilibrium positions and shapes of liquid drops have been investigated both theoretically and experimentally under a variety of conditions.

【例 18】

Its main import is to account plausibly for a curious phenomenon first noticed by Gaines(1932), which has been reported by Kornfeld & Suvorov(1994) and several others since but has not until now been explained decisively.

【例 19】

The use of an ultrasonic acoustic field to influence the boiling process has been investigated by many authors including Isakoff, Wong and Chon, Park and Bergles, and Kim et al.

(4)指出前人在某领域研究尚存在不足时,一般使用的句型为:However/While/ Unfortunately/ Nevertheless few studies has been done on /little research has been devoted to /little literature is available on... /little literature has researched on 等。

【例 20】

It is easy to see that the existing literature mainly focuses on the location and volume optimization of distribution generation in distribution network, the expansion planning of distribution network containing DG, optimal combination of different DG and the impact on distribution network reliability of DG. Little literature has researched on coordinating optimization of DG and substation, and the wide range of geographic space search optimization algorithm.

5.2　介绍研究主题的撰写

导论部分介绍研究主题时，首先要提出研究问题，然后对研究目的、研究意义及组织结构进行介绍。

5.2.1　提出研究问题

导论部分在背景介绍、文献回顾之后，通常会指出某个问题或现象仍然需要继续进行研究和创新。这时，文章的焦点就集中到了需要探讨的问题及研究动机之上。指出研究问题的方法多种多样，基本方法有：前人研究不完善，需进一步研究；时代发展及相关技术提高，要求在原有研究基础上进行创新；已有的研究有互不相容的论点，需进一步研究解决，或现存的方法具有片面性或局限性，需寻找一种综合的方法；之前提及的方法或技术可以延伸到新的应用范围等。

下面例子源自 Liu Yingpei, Li Ran 发表在 *Second International Conference on Intelligent System Design and Engineering Application* (ISDEA 2012)，题目为 An Improved Method for Direct Torque Control System 的导论部分。

【例 21】

PMSM with the advantages of high power density and starting torque and high efficiency is widely used in a variety of high performance. Direct torque control method with fast torque response and good dynamic performance, has been widely concerned and researched.

To achieve the high performance control of PMSM, the uncertainty and non-linear factors impacting on the system have to be overcome. PID regulator is used in traditional DTC method. Although it has a simple structure and good stability, its robust to parameters is poor. Hysteresis comparator is one of the main reasons of large flux and torque ripple; at the same time causes inconstant switching frequency of the inverter.

Active-disturbance-rejection technology was applied in direct torque control in the paper. ADRC speed controller was detailed analyzed. Meanwhile, SVM was introduced in system, in order to further reduce torque and flux linkage ripple, and ensure switching frequency constant.

在例 21 中，首先明确了永磁同步电机(PMSM)具有高功率密度、起动转矩大

(high power density and starting torque)、高效率(high efficiency)等优点,直接转矩控制(DTC)具有快速的转矩响应和良好的动态性能的特点(fast torque response and good dynamic performance)。但实现 PMSM 高性能控制又对之前的研究提出了新的要求。PID 控制器参数鲁棒性较差(robust to parameters is poor),滞环比较器的采用是造成磁链和转矩脉动大的主要原因之一,同时造成了逆变器开关频率不恒定(inconstant switching frequency of the inverter)。基于上述局限性,作者在导论部分的最后一段提出了本文的研究问题及主题内容。问题的提出有理有据,简明清晰,重点突出,使审稿人和读者很容易明确该篇论文的写作内容和主题。

下面例子选自 Haifeng Li et al.在其论文 A Combination Method for the Detection of SSR Caused by Fixed Series Compensation 导论部分第二段及第三段第一句话。

【例 22】

To detect the SSR caused by compensated capacitor, two main methods are mentioned in the existing achievements, that is, the frequency scanning method and the eigenvalue method. The frequency scanning method is convenient to implement with less calculation whereas less accuracy for nonlinear system. Furthermore, detecting the safe compensation ratio region of the systems is unavailable by using the frequency scanning method.The eigenvalue method calculates the electric damping of each mode by using eigen-analysis, which contributes to dectecting the safe compensation ratio region of the systems. However, the defect of large amount of calculation should be paid some attention as the merit in terms of applying the eigenvalue method in SSR analysis.

In this paper, a combination method based on the frequency scanning method and the eigenvalue method is proposed to analyze the SSR.

在例 22 中,文章指出现有的方法单独使用都具有片面性和局限性,需要寻找一种综合的方法解决相关问题。原文中第二段介绍了对于由串补电容引起的 SSR 问题,目前常用的分析方法有两种:the frequency scanning method and the eigenvalue method,明确指出这两种方法都有自身的优点,同时也存在一定的弊端。鉴于这两种方法本身存在的局限性,在论文的第三自然段,作者提出了本文的研究问题与主题,即同时利用两种方法的优势,克服其不足和缺点,用一种综合的方法将频率扫描法与特征值法相结合进行 SSR 分析。在指出现有方法存在缺陷之后,作者提出了本文的研究问题与主题,段落与段落之间衔接恰当,内容与内容之间安排合理。

5.2.2 研究目的

研究目的是论文的核心部分之一,也是英文电力科技论文导论部分中不可缺少的内容。在介绍研究目的时,作者通常会明确研究内容及研究贡献,强调论文写作的创新点及突破点。在英文电力科技论文中，最常用的介绍研究目的的词有 aim, purpose, objective, describe, focus on，等等；如果论文的研究目的是为了解决某个问题，可以使用 to solve the problem 等词组；如果文章提出某种新的方法，可以用 propose, put forward 等词语。总之，作者可以根据不同的研究目的，选取适当的词在写作中表明研究目的。除此之外，在写作中尤其值得注意的是，作者要客观地评价自己的研究成果，尽量避免使用极端的评价式的词和用语，如“该项研究达到了国际先进水平”、“作者首次发现”或“该项技术填补了国内外相关研究领域空白”，等等。

【例23】

The primary objective of the present work is to investigate a new approach for enhancing boiling heat transfer by using forced detachment of the vapor bubbles from the heated surface...

例23 使用 objective 一词简明清晰地对论文的研究目的进行了介绍。

【例24】

Based on the extensive simulation result, the paper focuses on amplitude, injectiontime and additivity of oscillating torques to specify the issue.

例24 选自 Jin Wang et al. 2010 年发表在 *East China Electric Power*，题目为 The Study of Complex Torque Coefficient Approach's Realization Based on PSCAD／EMETDC 英文电力科技论文的导论部分，在例句中作者用 focus on 点明了论文的研究焦点，明确了文章的研究目的：本文基于 PSCAD／EMTDC 电磁暂态仿真平台对复转矩系数法进行实现研究。

【例25】

To solve this problem, the CPS-SPWM method uses the capacitor voltage balancing controller and the circulating current suppressing controller to balance the voltage among SMs.

例25 在文献回顾之后点明了论文的研究目的：为了弥补之前学者在该领域研究的不足，本文针对总电平数在启动阶段和稳态运行阶段对 MMC 运行特征的影响进行详细研究。

【例26】

Active-disturbance-rejection technology was applied in direct torque control in the paper. ADRC speed controller was analyzed in detail. Meanwhile, SVM was introduced in system, in order to further reduce torque and flux linkage ripple, and ensure switching frequency constant.

原文选自 Yingpei Liu et al.在 *Intelligent System Design and Engineering Application*

2012 发表的国际会议论文 An Improved Method for Direct Torque Control System。在导论部分的第三段,作者介绍了论文的研究目的:本文将自抗扰技术应用于直接转矩控制中,详细分析了 ADRC 速度调节器的设计,同时将 SVM 策略引入 PMSM DTC 系统中,进一步降低转矩和磁链脉动并确保功率器件开关频率恒定。

5.2.3 研究价值

在英文电力科技论文的导论部分中要明确论文的研究价值。这其实也是对研究目的和研究意义的重申和拓展,强调某项研究会解决什么样的问题,带来怎样的实用价值。这部分的撰写要具体,具有针对性,不能用空泛的词汇和句子谈大道理,切忌泛泛而谈、不着边际。同时,科技论文作者一般会怀有谦逊的态度,使用谦虚的口吻指出自己的研究价值,常用 would, should, might, could 等语气助词来表达自己的态度,指明自己的研究内容所具有的社会价值及实用意义。

【例 27】

In this paper, a combination method based on the frequency scanning method and the eigenvalue method is proposed to analyze the SSR. The main features of the proposed method are as follows. To begin with, the proposed method can find out all the main oscillation frequencies(MOF) and the safe compensation ratio region with fast speed and high accuracy. In the second place, it can obviously reduce the amount of repeated calculation of the eigenvalue method. In addition, the drawbacks of low accuracy in frequency scanning methods are significantly reduced.

例 27 选自 Haifeng Li et al. *PowerTech* 2013 论文 A Combination Method for the Detection of SSR Caused by Fixed Series Compensation 导论部分的第三自然段,研究价值在该段中用 the main features of the proposed method are as follows 这句话引出,让读者一目了然地了解到这项课题研究的意义,明确了文章的参考价值:利用频率扫描法操作简便与特征值法精度高的优点,克服频率扫描法精度不足的缺点,同时减少特征值法的计算量,更加精准快捷地找出 SSR 的所有主振频率,寻找避免 SSR 发生的串补度区间,为合理实现串联电容补偿提供参考。

【例 28】

The result of our research shows the flame pyrolysis synthesis has potential for producing CNTs on large scales. Additionally, it has been proved the electrostatic field could make CNTs grow straightly. As the equipment of flame pyrolysis is rather simpler and the reaction is conducted in the air atmosphere, it is easier to apply a stable and uniform electric field.

原文为 Baomin Sun et al.在 *AIP Advances* 2013 发表的题目为 Flame Pyrolysis Synthesis of Self-oriented Carbon Nanotubes 论文导论部分的第四自然段，在这一自然段中作者明确了该项研究的价值：该方法展现出了可进行大规模生产的潜力。此外，已有实验证明静电场对碳纳米管的准直性生长具备一定的作用。由于火焰法设备简单，且反应在大气中进行，因而更容易引入外加电场，形成稳定和均匀的电场分布，从而诱导碳纳米管的定向生长。

5.2.4 组织结构

在提出研究问题、明确研究目的及研究价值之后，导论部分的结尾通常会对全文的组织结构进行介绍，为审稿人和读者把握论文全貌提供条件，同时方便读者查阅和定位相关内容。组织结构部分的句子通常使用一般现在时态，使用主动语态或被动语态均可。

【例 29】

The rest of this paper is organized as follows. Section II is the brief introduction of the frequency scanning method and the eigenvalue method. Section III is the theory basis and the details of the implementation of the proposed method. Section IV shows the simulation results. Section V gives the conclusion of this paper.

例 29 是导论部分中的结尾段，明确该篇论文全文的组织结构和部分构成：第二部分分别对频率扫描法和特征值法进行介绍；第三部分涉及理论基础及对所提方法的具体实施；第四部分对仿真结果进行了介绍；最后是全文的结论与总结。

【例 30】

The present paper describes the results of an experimental investigation into the use of these Bjerknes forces to improve boiling heat transfer. Here, an acoustic driver creates an acoustic field in the liquid that induces volume oscillations and surface waves in the vapor bubbles. These motions produce a net force on the bubble that helps to detach and move the bubble away from the heated surface. The net effect of this process is an increase in the heat transfer from the surface and an increase in the critical heat flux. In Section II, the basic characteristics of a gas bubble in an acoustic field are reviewed. The acoustic interactions with a single isothermal gas bubble are described and measured in Section III. The experiments on a single vapor bubble are presented in Section IV. Finally, the behavior of the boiling curve as a result of an applied acoustic field is described in Section V. Conclusions are summarized in Section VI.

例 30 选自 Zachary Douglas 等人发表在 *Physics of Fluid* 2012 年第 24 期上的论文 Acoustically enhanced boiling heat transfer 导论部分的第六段，即最后一段。这部分是导论部分的收尾段，主要介绍了整篇论文的组织结构，各个部分的主要内容，使审稿人和读者对论文的全貌进行了解:文章的第二部分回顾了声波场中气泡的基本特征;第三部分描述并测量了声波与单个等温气泡的相互作用;第四部分展示了单个气泡的相关实验;最后,在第五部分中描述了声波场作用下的沸腾曲线的表现形式;结论的表现总结参见第六部分。

5.3 导论部分的常用时态

导论部分常用时态有以下几种:一般过去时、一般现在时及现在完成时。

5.3.1 一般现在时

一般现在时表示现在经常反复发生的动作、存在的状态或习惯性的动作的时态。在电力科技学术论文中叙述某些现象或某个研究领域的普遍事实,介绍一般性资料、现象或普遍事实时,由于这些事实不受时间的影响,动词常常使用一般现在时。

【例 31】

As global energy consumption increases rapidly, wind power ushers in the best development opportunity as a kind of important renewable energy form.

例 31 使用了一般现在时态 ushers 客观陈述了现状:随着全球能源消耗飞速地增长,风电作为一种重要的可再生能源形式,迎来了最佳的发展时机。

【例 32】

System harmonics are when electric current flows through the nonlinear load, current wave differs from its supply voltage wave.

上例介绍了一般的现象和事实:供电系统谐波是当电流流过非线性负载后,电流波形与其供电电压波形产生差异。句中使用一般现在时态 are, flows 及 differs。

【例 33】

The thesis analyzes the non-characteristic harmonic current on AC side from the 6-pulse rectifier system, and analyzes the causes of non-characteristic harmonic of the rectifier system, then gives out the calculating equations.

例 33 主语为 thesis,主要介绍了文章的研究内容,属于不受时间影响的事实,所以在时态上选择了一般现在时,陈述客观事实。

5.3.2 一般过去时

一般过去时表示过去某一时候或某一段时间所发生了的事情或存在的状态,也可表示过去经常或反复发生的动作。英文电力科技论文中如果需要引用他人研究行为及研究成果时,多用一般过去时态。另外,研究中所涉及的实验、调查或所开展的某项研究多着重于提出某个调查或实验结果,这些动作多发生在过去,因此,一般情况下使用一般过去时态。

【例 34】

Hao et al. proposed that these acoustic effects could be used to improve boiling heat transfer from a horizontal surface.

【例 35】

Sitter et al. examined boiling on a wire in the presence of an acoustic field in both terrestrial and microgravity experiments.

引述之前专家学者的研究行为时,因为该行为或研究活动发生在过去,通常采用一般过去时态来表达。

【例 36】

It is easy to see that the existing literature mainly focused on the location and volume optimization of distribution generation in distribution network, the expansion planning of distribution network containing DG, optimal combination of different DG and the impact on distribution network reliability of DG.

例 36 中介绍之前文献涉及的主要研究领域,属于之前学者的研究成果,时间发生在过去,使用一般过去时。

5.3.3 现在完成时

现在完成时表示到说话时为止(或到现在为止)已经发生或完成了(不一定结束)的动作或状态,过去某一时间开始并一直持续到现在并且有可能还会持续的动作或状态。现在完成时一般表示过去发生或已经完成的动作对现在造成的影响或结果。在电力科技论文写作中涉及到如下内容时可以使用现在完成时态:

(1)描述特定研究领域中最近的某种趋势或者强调表示某些最近发生的事件对现在的影响时使用现在完成时态。

【例 37】

In nuclear plants, there is then a risk of release of radioactive fission products into the environment, which is the reason that these phenomena have been widely analyzed during nuclear safety studies.

原文描述了由于核污染对环境所造成的破坏性极强,因此,对于核安全的研究已经并将一直都是焦点问题。属于过去某一时间开始并一直持续到现在,并且有可能还会持续的动作或状态,使用现在完成时态。

【例 38】

The only computer simulations for slightly viscous drops have been carried out by Foote (1973) and Alonso (1974).

【例 39】

An attempt to allow for this coupling has been made by Feng & Leal(1995).They have derived coupled amplitude equations that govern the dynamics of the bubble centroid, as well as volume oscillations and two adjacent shape modes.

例 38—39 描述了之前学者对某项研究所取得的成果,对作者所进行的研究是有一定影响的,所以应该使用现在完成时态。

(2)在文献回顾结尾指出之前专家学者的研究仍然存在不足或局限性,进而引出作者的研究问题时,一般使用现在完成时态。

【例 40】

Little literatures has researched on coordinating optimization of DG and substation, and the wide range of geographic space search optimization algorithm.

【例 41】

Unfortunately, little research has been devoted to X.

例 40—41 指出了之前研究的不足和局限性,使用了现在完成时态。

第 6 章　实验与方法部分的撰写

英文电力科技论文实验与方法部分在国外不同学科和期刊中表述有所不同。有时统称为材料与方法(Materials and Methods),有时分别称为步骤(Procedure)、实验(Experiments)、实验部分(Experimental)、模拟(Simulation)、设置(Set up)、模型(Model)等。这一部分通常是实验型电力科技论文核心部分之一,主要向读者陈述“用了什么”、“做了什么”和“如何做的”。

由于对科研方法的首要要求就是科研结果可再现。欲达到成果再现的目的,就必须提供能让他人重复该实验所需要的材料、设备、方法及基本步骤。在描述的过程中应提供足够翔实的细节信息。

此部分写作的主要目的,一是尽可能详尽地描述实验方法,必要时解释采用该方法的原因,以便相同领域的科研工作者重复论文所描述的实验;二是为读者提供足够的信息,以便判断方法的可行性、实验结果的有效性及其适用性以及科研成果的价值等。

实验与方法的写作应当注意对数据、资料、方法以及程序的表述。首先,要注意文字的准确精炼,着重描述有价值的信息,不可罗列所有信息,扰乱读者提取重要信息。其次,要注意文字的条理,需整理信息,以简明、清晰的方式呈现给读者,以便读者最有效地找到关键信息;作者应采用正确的体例格式,有时需借用图表等辅助叙述。最后,要注意信息之间的逻辑关系与衔接,信息之间应具有一定的关联性和逻辑性,任何信息都不应孤立出现,这样论文才能严谨、有说服力。由于实验型论文是英文电力科技论文中最常见的类型,因此,本章将重点讲解实验型科技论文实验与方法部分的撰写。

6.1　基本内容及结构

在实验型英文电力科技论文的实验与方法部分中,作者需提出自己的研究思路或研究方法，通过细节描述详细、清晰地列出实验所用的材料、设备和实验程序，使论文具备研究的可重复性，以便读者理解、接受且实践研究步骤，以得出类似的结论。撰写时可先确定以何种方式和句型开始此部分，再列出其需要包括的信息及呈现顺序以及用何种语言连接所有信息，最后思考结束的方法并选用合适的句型。

国外许多期刊通常在网上给出一份《作者须知》(Guide For Authors)，对稿件的内容及结构甚至图表、公式等技术性的信息做详细的要求，不同期刊略有差异，作者投稿前需详细阅读。通常实验与方法部分包括以下几方面的内容，作者可选择适合自己的研究或投稿期刊所要求的项目：

(1)综述研究方法或实验步骤并提供背景信息。具体内容包括：详细介绍所用材料、仪器仪表、设备、测试系统及方法；重述研究目的；提供背景信息等；

(2)详细描述材料与方法。具体内容包括：详细描述实验步骤；提供材料和方法的具体、精确的细节(工质、试剂、催化剂、数量、温度、持续时间、顺序、条件、位置、尺寸等)；特殊实验材料或方法需进行特殊说明；

(3)指出对实验结果的收集方式和分析方式。具体内容包括：对实验数据进行统计和分析方法的描述；证明研究的科学性；表明研究过程中严谨的态度等；

(4)说明与其他研究的关联性与局限性。具体内容包括：把材料与方法与其他的研究关联起来；指出可能存在的问题或困难。

在撰写实验与方法部分时，作者可以按照上述几个方面来安排自己的论文，也可以按照实验进行的先后顺序进行排列。需要说明的是，不同研究领域、不同期刊都有各自的撰写习惯与要求，作者需提前了解清楚。

下面是实验型英文电力科技论文实验与方法部分撰写实例，摘自 *Journal of Electrostatics* 72 (2014)417－421，由 Jozef Kúdelčik 等人发表的题为 Verification of positive streamer mechanism for negative corona Trichel pulses in O_2／H_2 mixtures 的论文。受篇幅所限，例文有所删减。

【例1】

Experimental set-up and procedure

The experimental set-up used is shown schematically in Fig.1.In a point-to-plane gap, a hyperbolically capped Cu-cathode with radius of 1.5-mm was extended 18-mm outward into the gap from the cathode. The cathode tip-to-anode plane spacing of 12mm was measured to within approximately 0.1 mm. The discharge gap was placed in a duralumin vessel of volume 3.61. A DVR1 gauge measured the operating pressure of the gas with accuracy better than 1%. The vessel was equipped with a quartz window, which could be used to irradiate the discharge gap with UV light from a mercury discharge lamp.

A stabilized dc HV supply was connected to the anode via a charging resistor R = 10 MΩ. The applied voltage U was measured at the anode using a Tektronix P6015A, the capacitive-resistive HV divider with a rise time of 10ns. A 50Ω coaxial measuring resistor R_0 was used to measure the discharge current. Signals from both voltage divider and measuring resistor were fed to an HP54616B digital oscilloscope with an analogue band width of 500 MHz and 2 G/s sampling rate. The RC time constant of the detection circuit was of the order of 0.1 ns. The experiments were carried out in mixtures of commercial (99.9% -pure) O_2 and H_2 at pressures ranging from 27 to 50 kPa.

Before the start of experiments, the chamber was evacuated and the gas mixture was admitted into the system. To detect the first corona current pulse the oscilloscope was set to the single shot storage mode with the high voltage switched off. Then, simply by switching on the HV supply, the anode was charged via the resistor R to a high positive voltage U. Because the high-field region of the point cathode was so limited in area and volume that there was a large statistical lag, we initiated the discharge after the stabilization of the applied voltage by a very faint irradiation of the gap with UV light. The oscilloscope was triggered by the first corona current pulse. In this way an overvoltage could have been applied to the discharge before the discharge ignition by UV light. At higher voltages, the discharge occasionally started after a delay time without UV light irradiation. The discharge current waveforms measured at the same applied voltages, however, did not differ in the presence and absence of UV light.

The copper cathode was polished and washed with acetone to remove loose dirt and oily films. The CuI-coated cathode surface was made by soaking the polished copper cathode in solution of 1 g/l iodine in acetone for 5 min. The graphite-coated cathode was prepared by spraying surface of the polished copper cathode with graphite spray N-77, a commercial product with a graphite particle size on the order of 1μm.

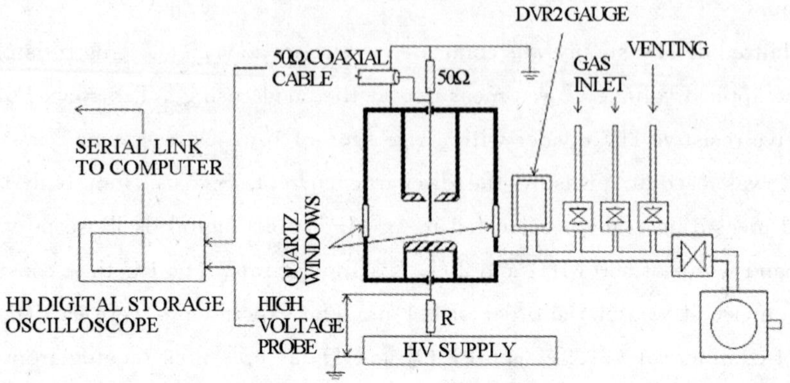

上面的例子借助图表在第一段用简练的语言和精确的数字介绍了实验的装置，如：The experimental set-up used is shown …；第二段说明了实验的方法，如：… was measured …，… was used to measure … 等；第三段则通过运用一些连接词，比如：Before，then 等词，层次鲜明地表述了实验步骤；第四段介绍了实验材料方面的相关内容，如：… was polished and washed with …，… was made by …，… was prepared by… 等。总体来说，以上例子包括了实验装置、实验方法、实验步骤和实验材料的内容，较为全面地为读者呈现了整个实验过程，层次鲜明且语言精炼。

例 2 源自 *Journal of Electrostatics* 72 (2014)336－341，题目为 Loss mechanism and lifetime estimation of Ce -W cathode in high temperature thermionic emission electrostatic precipitation，由 Jinjin Xu 等撰写，内容编排与例 1 相比略有不同。

【例 2】

Experimental

2.1. Ce -W cathode preparation

The Ce -W materials employed in this work were prepared by powder metallurgy according to researches by Xi. Blue tungsten (W_4O_{11}) was doped with cerium nitrate solutions (($Ce(No_3)$)$_3$, dried and reduced to mixed powder of tungsten and 2.2% cerium oxides (Ce_2O_3). Cylinder Ce -W cathodes were then prepared using standard powder metallurgy methods. And radius of the samples was 1.6 mm and the length was about 150 mm.

2.2. Characterization of microstructure

The phase structures of Ce -W cathodes were examined by means of X-ray diffraction (XRD) (Japan, SHIMADZU XRD -7000). The morphologies were investigated by scanning electron microscopy (SEM) (Japan, Hitachi S-3400N II) and the distribution of elements was determined by energy-dispersive X-ray spectroscopy (EDS) (Japan, Hitachi S-3400N II).

2.3. Measurement of emission properties

The emission property of cathode is one of the critical parameters influencing collection efficiency of TEESP. It could be characterized by emission current density. In this paper, emission current density is defined as the current that is emitted by per unit area cathode and received by anode. Experimental apparatus was designed and manufactured. Cylindrical stainless steel with outer wall earthed was set in the furnace as anode. The diameter of cylindrical stainless steel is 9 mm. Thermionic emission cathode, with a diameter of 3.2 mm, was suspended in the center of cylinder. Anode and cathode were put in the heating furnace. The maximum working temperature of furnace was 1473 K. The cathode was connected to high DC voltage from 0 to 6000 V. After grinding with sandpaper, the cylindrical rare earth tungsten cathode was suspended in the experimental device. The emission current between cathode and anode could be measured and recorded by electronic instrument, as shown in Fig. 1.

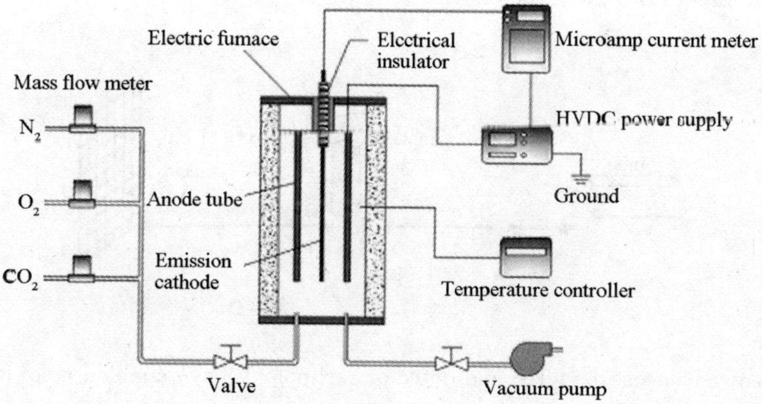

例2与例1相比,实验与方法部分的结构和内容安排略有不同,作者使用了小标题说明每一个段落所要讲述的内容。作者在第一段使用了 The ... materials employed in this work were prepared by...的句型引出段落所讲重点内容,即实验材料。选用这样的开头可以使段落重点突出。第二段讲到了实验的一部分及此部分实验过程中所用设备,并在括号中注明了设备厂家和型号。第三段主要讲实验步骤和主试验装置,作者在描述过程中主要使用了被动语态和简单句型,如:Cylindrical stainless steel with outer wall earthed was set in the furnace as anode 和 The cathode was connected to high DC voltage from 0 to 6000 V,这两个句子中的... was set in... 和 ...was connected to...结构都是在描述实验装置部分时经常使用的。还需要注意的是,作者在第三段中给出了实验装置的细节,如:The diameter of cylindrical stainless steel is 9 mm,with a diameter of 3.2 mm 等。

此例亦使用了图表来展示实验装置,此种方法在电力科技论文中也较为常见,辅助描述实验装置和实验过程,达到清晰、简明的效果。

例 3 选自 *IEEE Transactions on Dielectrics and Electrical Insulation* Vol. 21, No. 1,由 Roger Schurch 等撰写的论文 Imaging and Analysis Techniques for Electrical Trees using X-ray Computed Tomography,例文有所删减。

【例 3】

EXPERIMENTAL: X-RAY COMPUTED TOMOGRAPHY (XCT)

4.1 EXPERIMENTAL DETAILS

X-ray computed tomography (XCT) is based on the measurement of transmission of X-rays through the object over a range of angles. A schematic diagram of a typical laboratory micro CT system is shown in Figure 2.

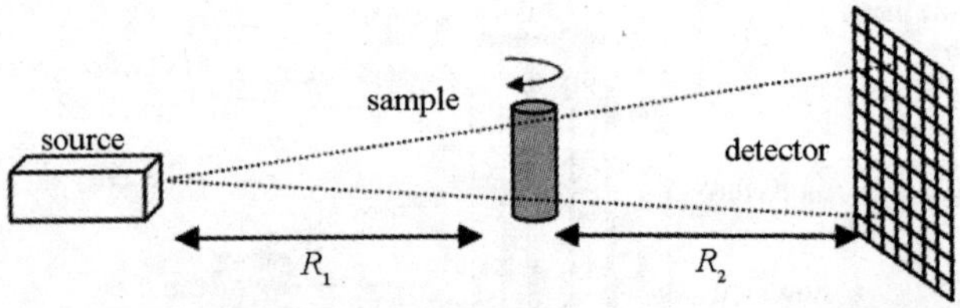

Recent advances in source and detector technology have enabled resolutions down to one micrometer or less to be routinely achieved with this type of system. Even higher resolutions (down to the tens of nanometer range) can be achieved using X-ray microscopes. These instruments are analogous to visible light microscopes in that the sample is illuminated by X-rays using a condenser optic, and a lens (Fresnel zone plate) is used to focus the X-rays that have passed through the object on to a detector. In this work an Xradia micro-XCT-400 system (Xradia Inc., Pleasanton, CA) was used to provide resolutions down to-1 μm, while an Xradia nano-XCT-100 microscope was used to provide 150 nm resolution.

For tomography, a series of 2-D radiographs are taken as the sample is rotated about the vertical axis over at least 180°, and these are combined with a reconstruction algorithm to form a virtual 3-D replica of the object. Contrast is typically obtained from the attenuation of X-rays (loss of intensity) as they pass through the object. However, attenuation contrast was poor for the electrical trees at the hard X-ray energies produced by the sources of the two instruments. As an alternative, contrast can be obtained from the shift in the phase of the X-rays as they pass through the object. For the Xradia micro-XCT system the 'in-line' method can be used, in which the phase shift leads to interference fringes being measured on the detector. In the near-Fresnel regime, these fringes act as an edge-enhancement, highlighting sharp boundaries within an object. In this regime the phase contrast increases with distance between the source and object, and object and detector (R1 and R2 respectively in Figure 2). These distances were optimized for each electrical tree to produce adequate contrast.

For the Xradia nano-XCT microscope, Zernike phase contrast is available, in which the sample is illuminated by a hollow-cone of X-rays, and a phase ring is placed in the back-focal plane of the X-ray lens. The phase ring produces a $-3\pi/2$ shift relative to the phase of the X-rays that are undiffracted by the object. However, some of the diffracted rays also pass through the phase ring leading to a 'halo' effect which highlights the boundaries within the object. This effect is manifested in the reconstructed slices as a bright and dark band either side of the boundary as illustrated later.

4.2 IMAGING STUDY CASES

Several point-to-plane samples were prepared. Electrical trees were grown under electrical stress until the desired length of the tree was reached or until electrical breakdown occurred. After the feature was created in the material, the sample was prepared for the X-ray scanning process.

The samples were examined under 2-D X-ray imaging (radiographs) and if they showed no noticeable feature, no tomography was performed. Other cases revealed features under 2-D radiographs. Three of them: an electrical breakdown, a bush-type electrical tree and a branch-type electrical tree, were fully scanned with 3-D XCT technique. Samples 1 and 2 were previously reported and are presented here again with further analysis.

本例实验与方法部分用了较长的篇幅描述实验过程及实验案例，略去了每一个实验样例的描述。先是对整个实验进行介绍，第一部分（4.1EXPERIMENTAL DETAILS）详细介绍了实验设备、实验材料、实验过程、实验方法等，第二部分详细描述实验样例。采取了先总述后分述的方法，总述与分述结构安排得当，使人一目了然。

原文涉及的实验装置较为简单，但实验原理和实验过程较为复杂，作者在描述时主要选用了复杂句清楚地表达了整体实验情况。与前两个例子相比，本例篇幅较长，语言句型也较为复杂，如：For tomography, a series of 2-D radiographs are taken as the sample is rotated about the vertical axis over at least 180°, and these are combined with a reconstruction algorithm to form a virtual 3-D replica of the object. 亦如：For the Xradia nano-XCT microscope, Zernike phase contrast is available, in which the sample is illuminated by a hollow-cone of X-rays, and a phase ring is placed in the backfocal plane of the X-ray lens。这样的主从复合句和并列句在原文中较为多见。在表述复杂原理和过程或步骤时可采取上述写法。

6.2 设备或材料的描述

在实验与方法部分，作者可利用文字和图表等方式详细地描述实验过程中设备或材料的信息。在描述设备或仪器（Instruments, Apparatus or Equipment）时应给出其名称、型号、技术规格、附属部件、使用条件和生产厂家名称、计算机软件或数学公式等。若为通用、标准的设备或仪器，其精度应足够高，只需提供型号、规格、主要性能指标；如沿用前人用过的设备或仪器，应保证其足够高的可靠性，并给出参考文献；若为自制或改装设备或仪器，则需指明操作条件与操作方法，说明其特点，提供可达到的准确性和精度，必要时给出装置图或示意图。

介绍实验设备之间的关联要做到科学正确，不要给人混乱的感觉。设备使用的必要的步骤不可缺少，尤其是有可能对实验结果造成特定影响的操作更要进行详细说明，以便在后期讨论时能够进行对应分析。比如，一些设备在使用之前要先进行校正（calibration），有的要求每个阶段实验之后都要重新校正，以保证结果的正确性。作者应详细说明操作步骤或校正过程以便读者正确理解。

在对实验材料（Materials）进行描述时，作者要注意说明材料选择的必要性和原因，给出清楚合理的解释，从而为实验程序的描述奠定基础，使实验过程科学严谨。作者应提供足够的信息，详细说明材料的技术指标，所使用的剂量、来源，使用的方法，试剂的相关化学或物理特性等。需要特别指出的是，对于实验材料的名称，应采用国际同行所熟悉的通用名称或化学名称，尽量避免使用只有作者所在国家的人所熟悉的专门名称或商用名称。此举既可使读者易于理解，亦可避免广告之嫌。对实验材料说明来源和纯度时，如果原料需自行提纯，则要说明提纯方法和提纯后的纯度，有时要提出原料的一些物理性质，从另一角度证明纯度。

下例来自 *International Journal of Hydrogen Energy* 37 (2012) 4254－4258，题为 Hydrogen generation by sodium borohydride hydrolysis on nanosized CoB catalysts supported on TiO_2，Al_2O_3 and CeO_2，作者为 Yi-Chun Lu 等。

【例 4】

Cobalt acetate tetrahydrate [$Co(CH_3COO)_2$, $4H_2O$] (>98%) was purchased from Showa Chemicals (Tokyo, Japan). Titania and ceria (>99.8%) were obtained from Evonik-Degussa (Germany). Alumina was obtained from Strem Chemicals (Newburyport, USA). Sodium borohydride ($NaBH_4$) (>98.5%), was purchased from Sigmae-Aldrich (USA). Sodium hydroxide (NaOH) (>98.5%) and methanol (CH_3OH) (> 99.9%) were supplied by Tedia Co. (Ohio, USA). Double distilledwater (H_2O) was used in the preparation of the catalysts.

例 5 源自 *Journal of Electrostatics* 72 (2014) 412－416，作者 Masato Sakaguchi，Masato Sakaguchi 等撰写的论文 Contact electrification of polymers due to electron transfer among mechano anions, mechano cations and mechano radicals。

【例 5】

PLLA was manufactured by Shimazu Co., Japan with weight average molecular weight of 1.6×10^5. The MWCNTs (Iljin Nanotech Co., Korea) used in this study were synthesized by a thermal chemical vapor deposition method. The purity of the pristine MWCNTs, as received, was>95%. L-Lactide was purchased from Purac (Biochembv, Netherlands). Tin (II)2-ethylhexanoate (Aldrich) was used as received to catalyze the polymerization reactions.

这两个例子均用了五到六句话给出实验材料的详细信息，包括名称、化学式、纯度、获取途径以及来源地区等。在给出实验材料名称时还需给出其化学方程式，以保证实验的严谨性。在描述过程中作者用了简单的句型与表达，如 ...was purchased from...，...was supplied by...，...were obtained from...，...used in...，the purity of...等，且整个段落的句型结构一致，可以达到简明扼要的效果，避免拖沓冗长。

6.3　实验技术与方法的描述

在实验与方法部分，实验技术和方法的描述是论文作者向读者讲解自己实验的设计、实验方法和整个操作流程的过程，同时也是还原整个实验的过程。此部分撰写时要注意不可写成实验报告，应写成学术论文。对这一部分总的写作要求是完整、翔实、严谨和客观。要求作者把握重点突出、详略得当的总原则，既要注意实验当中的每一个环节、步骤，不要遗漏重要的内容，又要客观地描述实验程序，不可使用带有感情色彩或导向性的语言。此部分的描述应达到具备一定能力的同领域科研人员可重复实验的目的。

在撰写过程中，论文作者通常可采用一定的逻辑关系来描述实验技术和方法，例如采用时间顺序或空间层次，如有几种方法逻辑关系较紧密可放在一起描述，亦可按重要性程度进行描写，以增强论文的关联性和逻辑性。在描述实验方法时若采用作者自己创新的方法或未发表过的方法，需详细描述；若采用常规方法或标准方法，只需给出本文所涉及的细节，并标明参考文献(如果报道该方法的期刊不容易被查阅到，可稍加详细地描述)；若解决一个问题有好几种常用方法，最好明确指出自己采用的方法，并注明参考文献。图表的运用可以辅助描述实验程序或实验方法，如，运用流程图描述实验步骤，示意图用来演示实验器材等。总之，一个好的实验技术和方法部分的撰写既可以为读者提供一个可重复的研究方法和实验过程，又可提高读者对该研究设计及其结果可靠性的信任程度。

【例 6】

Preparation of polymer solution

PAN of 150,000 g/mol molecular weight from Aldrich, catalog no. (181315) was used with 4%—12% weight concentration in DMF to form a polymer solution after hot stirring for 3 h at 60℃ to ensure a complete solubility. The intrinsic viscosity has been measured by using Ostwald viscometer and its value for the used PAN/DMF polymer solution found to be equal one (exact value =1.0044).

Electrospinning set-up

The electrospinning set-up was assembled in our lab as shown in Fig. 1. The spinning solution was placed in 10 ml glass syringe with a metal needle of different diameters. Metal needle was connected to a high voltage power supply generates DC voltage up to 25 kV. A flat metal plate with aluminum foil was placed below, serving as a grounded counter electrode. The voltage between the electrode and the counter electrode was controlled by the high voltage power supply. A stable drop of the solution was suspended at the tip of the capillary before the power was supplied. Morphology of the collected PAN fibers was studied by using scanning electron microscopy (SEM) after drying under vacuum at room temperature for 24 h.

Design of experiments

The accuracy and effectiveness of an experimental program depends on careful planning and execution of the experimental procedures with a view to achieving a minimum average fiber diameter. The effect of Berry's number (Five adjusted concentrations have been used to study the effect of Berry's number calculated from Equation (1)), charge density, spinning angle, spinneret diameter and collector area were investigated. In this work, experiments were carried out according to a central composite second order rotatable design which has been chosen from the software options after Montgomery[33] recommendation for similar number of experimental variables based on response surface methodology (RSM). Design of experiments (DOE) and features of Design Expert-6 software were utilized as well to determine the coefficients of mathematical modeling based on the response surface regression model. These developed models are very helpful to predict average fiber diameter and standard deviation of fiber diameter for the proposed values of input variables and to select an optimum combination of input variables for the average fiber diameter and standard deviation of electrospun fiber diameters. Design Expert-6 software also produces ANOVA tables to test lack of fit of the RSM-based models, and offers the "graphic option" to design was based on 5 factors, 5 levels each, and 6 replicates at central points. The design of experiment counted 32 runs and for every sample the response, fiber diameter, has been recorded from SEM micrographs as previously mentioned. The results of the recorded mean diameter and the relative standard deviation for every set of experiments are shown in Table 2. obtain a response surface plot for the selected parametric ranges of the developed response surfaces. The electrospinning parameters are arranged in five levels as shown in Table 1. (图表略)

上例摘自 *Journal of Electrostatics* 72 (2014) 462－469,题为 Electrospun precursor carbon nanofibers optimization by using response surface methodology, 由 Ashraf A. Ali 等人撰写。例中作者分了三个小标题 Preparation of polymer solution, Electrospinning set-up 和 Design of experiments,分别介绍实验材料、实验装置与实验方法,并着重介绍实验方法。虽然在介绍过程中作者并未使用连接词或序列词连接描述各实验步骤的句子,但在第三段中作者多次运用了 Design of...的表达,体现了上下文紧密的逻辑关系。

【例7】

All calculations reported in the present study were carried out using the density functional theory (DFT), as implemented in the Gaussian R 09W ver. 7.0 program suite. Becke's 3-parameter hybrid functional combined with the Leee-Yange-Parr correlation functional, abbreviated as B3LYP level of DFT, was used. The input geometry-data of model molecules for submission to the Gaussian were prepared by using a GaussView ver.5.0, and to adjust the geometry'Clean' option in the viewer program was used. The geometries of all molecules were fully optimized to ground states in vacuum using 6-311G * * basis set and the Berny algorithm with the geometry optimization using direct inversion in the iterative subspace (GEDIIS) in redundant internal coordinates. We have found optimized the ground-state geometries for (i) mechano cation, (ii) mechano anion, and (iii) mechano radical, and calculated the HOMO and the LUMO energy levels to estimate the ease of electron transfer among these species. For radicals, since we used unrestricted method, a single occupied molecular orbital (SOMO) was divided into occupied and unoccupied one. In this paper, the former will be simply expressed as HOMO and the latter be expressed as LUMO. The calculations were performed using an HP Compaq 8100 Elete SF/CT AY032AV-A and Windows 7.

例 7 来源与例 5 一致。本例是实验部分对实验细节的描述，讲的是 HOMO 和 LUMO 的计算。本例是对计算过程、所选理论及软件操作运用方面的描述，与例 6 有所不同。在写这一类型的电力科技论文时要注意介绍清楚所选理论、方法、软件及步骤之间的逻辑性，有时需要把关联性较强的部分放在一起来撰写。

6.4 描述实验与方法的语言

在描述实验与方法部分时，作者需要根据自己的研究内容选取合适的语言。现将时态、语态及常用表达归纳如下。

6.4.1 时态与语态

在英文电力科技论文写作中，通常要在过去时和现在时之间进行多次转换。实验与方法部分讲述的是作者之前的研究工作，描述的是作者完成的实验情况及所用的方法，因此这部分描述多用过去时态。但如果是在描述实验的研究对象或材料的句子中，若句子的内容是普遍的、不受时间影响的事实，一般应使用一般现在时。

材料与方法部分在于描述实验中所进行的每个步骤、所采用的材料以及研究方法，由于这部分更注重“做了什么”“怎么做的”，而不是“谁做的”，因此被动语态很常用。若描述实验设备或材料的运行或反应，由于是其自身的运行方式或反应，而不是操作者的行为所致，则通常使用主动语态。另外，如果学术论文的作者是研究团队的一员,在介绍实验与方法时也可以使用主动语态。

【例8】

The masses corresponding to each vol.% were determined by first calculating the theoretical maximum density (TMD) for Al+CuO, and is 5.055 g/cc. The TMD was then used to calculate the CNT concentration for varied volumetric percentages. The volume percentages and their corresponding masses can be seen in Table 1. Before addition of CNTs all mixtures started with a mass of 350 mg of Al+CuO. Most experiments required less than 50 mg of powder, such that each sample preparation provided material for multiple tests. All experiments were run in triplicate to ensure repeatability of the measurements.

作者在例8中运用了过去时态和被动语态,如:...were determined by...,was then used to ...等描述实验方法,用来表达"用什么"、"做了什么"以及"如何做的"。

【例9】

Fig.1 shows the experimental setup of mechanism of generating droplets, conveying into the ESP and measuring instruments. Ultrasonic atomizer generates droplets with constant rate in a size range of 1e10 mm. A commercial type, Malvern Mastersizer 2000, laser particle sizer based on laser scattering technique is used to measure the droplets size. Fig. 2 shows the droplet size distribution produced by the ultrasonic method. In the experiment, air mixes with the produced droplets and enters into a primary separator. The primary separator used for gravitational sedimentation of large drops and consequently generates an outcome of more uniform size droplet especially at high flow rates. Then flow is conducted to the ESP.

例9作者在实验部分主要使用了一般现在时和主动语态。由于该部分是借助图表和数据对实验装置进行描述,因此应在时态方面使用一般现在时,语态则用主动语态。

6.4.2　常用表达

在概述材料和方法、描述其精确信息、表明态度及可能存在的问题或困难时,均有如下常用的表达方式。

(1)概述材料和方法

作者在概述材料与方法时通常可以用诸如: ... was/were carried out..., was/were chosen...,... was/were generated by...,... was/were supplied by ...,... was/were investigated ...,...was/were conducted..., ...was/were obtained from...,等等。

(2)描述材料和方法的精确信息

在这一部分中作者主要说明用了什么和怎么做的,通常用以下表达:... was adapted, ... was adjusted, was attached, ... was located,... was combined,... was controlled,... was converted,.. was distributed,... was estimated,... was generated, ... was maxed,... was measured,... was operated,... was quantified,... was sampled,... was selected,... was tracked,... was varied,等等。

(3)表明研究的严谨态度

在撰写实验与方法部分时,作者需表明严谨的研究态度,在写作时可选用以下词汇表达严谨的态度:accurately, carefully, completely, constantly, directly, exactly, precisely, reliably, suitably, tightly, thoroughly,等等。

(4)表明与其他研究的关联性

本研究与其他研究的关联性可以概括为三个方面,一是引用前人的研究;二是与前人研究相类似;三是与其他研究有本质差别。在表述时可以根据具体情况选用这些表达:according to..., as explained by/in..., as proposed by/in..., as reported by/in..., can be found in..., details are given in..., in accordance with..., based in part/partly on..., essentially identical..., almost the same..., with some alternations..., ... to refine, ... to vary, ... to revise,等等。

(5)可能存在的问题或困难

作者在文章中往往会提及研究中遇到的困难和不足,这样可以使读者了解研究人员已经意识到存在一些问题,使研究更严谨,也使读者更易接受研究结果。在写作过程中可以使用合适的表达,把问题减到最少,并表明其对整个研究影响不大,也可建议一个解决方案。以下是可选用的表达方法:did not align precisely, not approximate, slightly disappointing, unimportant, a preliminary attempt, unavoidable, impractical, limited by, inevitably, currently in progress, currently underway,等等。

第7章　结果与讨论部分的撰写

英文电力科技论文结果(Results)与讨论(Discussion)部分的结构和内容在不同学科和期刊中有所不同。论文作者可以单独撰写结果和讨论部分,也可以把二者合并在一起写。此部分题目的设置主要有以下几种选择:分为结果、讨论和结论这三部分来写;分为结果和讨论两部分写;结果和讨论合并写,结论单独写;结果单独写,讨论和结论合并写。作者可对照投稿期刊的《作者须知》选择合适的撰写结构。

结果与讨论部分是英文电力科技论文的核心,在一定程度上决定着论文的成败,同时也是读者最感兴趣的部分。它可自成体系,读者在不阅读论文其他部分的情况下也能了解作者的研究成果,有的读者甚至略过其他部分直接看结果与讨论部分。这部分主要向读者阐述"发现了什么"或"看到了什么"以及"知道了什么"或"意义是什么"。

此部分是整篇论文中最精炼,也是写作难度最高的,尤其是在撰写讨论与结论部分时。这部分的写作目的主要是回答作者在研究伊始提出的问题,通过阐述或讨论向读者表明研究结果与发现,揭示科学真理并阐明研究意义。写作时要特别注意两点:第一,在结果部分应避免数据的重复,体现实验结果的可回顾性,并对结果做甄选,重点描述有代表性的或关键的结果。第二,在讨论部分应避免拖沓冗长,亦不可用一些含糊的词句遮盖研究结果,应尽量做到直接、明确,以便审稿人和读者了解论文的研究价值。

7.1　结果部分的撰写

英文电力科技论文的结果(Results)部分亦可称为数据分析(Data Analysis),是论文的核心部分,陈述的是论文作者对发现或观察到的事实的评论。大部分情况下,如果数据比较多,作者可用图表、表格、方程式或图像简洁明了地呈现结果,再通过文字部分的撰写对实验结果进行讨论,以表明结果或数据的意义,展示论文主体比其他论文有新意或更重要的地方，或是把结果与其他人的结果进行对比。

7.1.1 结果部分的基本内容

在撰写此部分时通常需要作者先对所做实验简要描述，再给出实验数据，最后对数据进行评论或概述并由此得出推论。撰写结果部分不仅仅是通过数字或表格向读者呈现实验数据，还应把结果与研究目标相结合。此外，还应暗示研究是否存在某方面的问题及出现问题的可能原因等。

一般而言，对结果的叙述要按照其逻辑顺序进行，使之既符合实验过程的逻辑顺序，又符合实验结果的推导过程。本部分内容可以包括下列几个项目：对所做实验给出总体描述(研究目的或研究内容、基本的实施条件、干扰因素或现象等)；给出实验数据；依据数据做出解释；评论或概述由这些结果得到的推论。

7.1.2 结果部分的写作方法

在数据处理方面，结果部分如果只有几个数据，可以一一列出，如果数据较多则应该使用图表。给出的数据应该是有意义的，重复或与研究目的关联性不大的数据可以省去，对研究结果可能产生影响的数据应用图表的形式给出，同时注意其条理性与逻辑性，避免杂乱无章的数据堆砌。此部分也可以给出实验结果不尽如人意的地方，或是在一定实验条件下该实验未能产生预期的结果，而这可以为其他科研人员进行相关或后续研究提供借鉴性的信息。

在描述实验结果时如果使用统计学方法给出数据，就应该使用科学的处理方法，统一格式，还应注意数据是经过处理得来的，而不是原始数据，也不是原始记录。

在文字描述方面，首先要力求客观真实，清晰准确。结果就是作者的科研工作所要贡献的新知识，整篇论文通过实验结果体现科研价值，作者应做到表达意思翔实且清楚。即使得到的结果与实验不符，也不可省略或避而不谈，还应加以说明和解释。

文字表述研究结果时还应注意解释数据且避免重复，重点指出图表中资料的重要特性或趋势，不要简单地重复图表中的数据，更不要把图表中的大多数或全部数据都用文字叙述出来，而忽略叙述其趋势、意义以及相关推论。在结果(Results)和讨论(Discussion)分开写的情况下，一般不包括作者对结果的评述，可以总结性地陈述结果。

例 1 源自 Kade H. Poper 等人撰写的题为 Controlling the electrostatic discharge ignition sensitivity of composite energetic materials using carbon nanotube additives 的论文，发表在 *Journal of Electrostatics* 72 (2014) 428－432。

【例1】

Results

The CNT concentration ranged from 0.5 to 4.6 vol.% Al+CuO and Fig. 4 shows the results for both electrical conductivity and ESD ignition sensitivity tests. All ten mixtures were tested for conductivity, ESD sensitivity, and minimum ignition energy (MIE). For the ESD sensitivity a simple yes or no for ignition was given to each sample. In Fig. 4, the data with X symbols did not achieve ignition, all other samples ignited. An order of magnitude increase in conductivity is seen between 3.08 and 3.8 vol.% CNT and this jump in electrical conductivity also corresponds to a repeatable change in ESD ignition sensitivity. Both of these behaviors suggest percolation, after which the sample becomes insensitive to ESD. The average standard deviation for the conductivity measurements is 0.005%. Standard deviations represent uncertainty based on repeatability of triplicate experiments, the largest source of uncertainty in the measurements. Error bars in Fig. 4 data are therefore smaller than the data symbols presented.

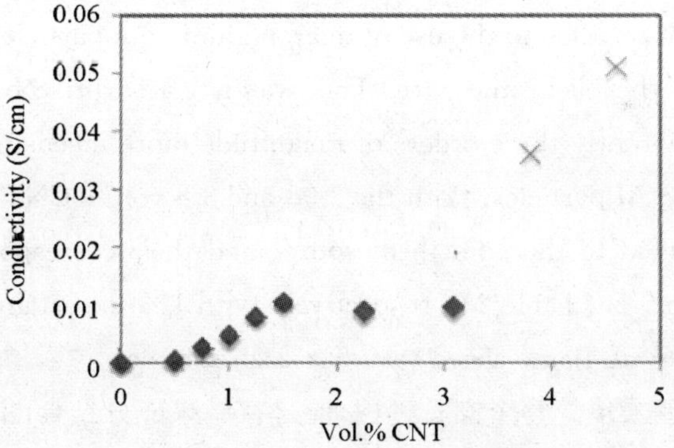

Minimum ignition energy (MIE) is calculated using Eq. (1), where V is the applied voltage and C is the capacitance of the ESD apparatus.

$$MIE=\frac{1}{2}CV^2 \quad (1)$$

Fig. 5 shows MIE as a function of CNT concentration. As the conductivity of the samples rise with added CNT so does the MIE. The MIE for the samples containing 3.8 as well as 4.6 vol.% CNT are not shown because they were insensitive to the highest voltage setting (i.e., their MIE exceeded 100 mJ).

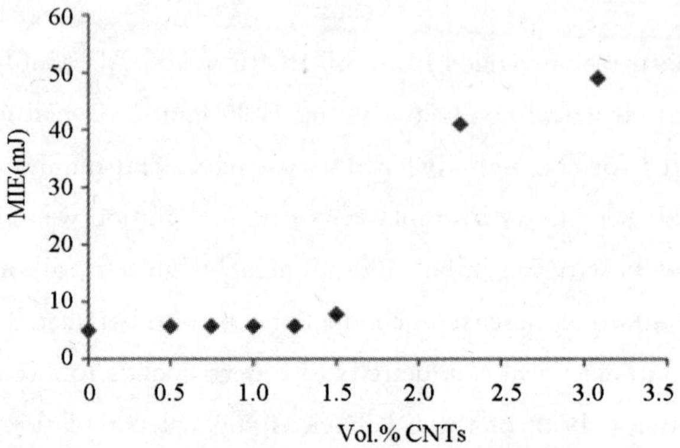

Scanning electron microscope (SEM) images in Fig. 6A－C shows powder morphology as a function of CNT concentration.

The base mixture containing no CNT and the samples with 3.08, and 3.8 vol.% CNT were tested for flame speeds to determine CNT effect on resistive wire ignition and energy propagation. Due to the use of micron aluminum particles, the base mixture did not ignite from the Nichrome wire. This was not a surprise because micron-scale Al-particles are inherently three-orders of magnitude more insensitive to thermal ignition than nano-scale Al particles. Both the 3.08 and 3.8 vol.% CNT containing samples ignited when subjected to the point heat source and their corresponding flame speeds are 44.3 and 57.4 m／s (Table 2), respectively with 1% uncertainty based on repeatability of three separate flame speed tests for each sample.

在本例中,作者未重复整个实验过程,而是在结果部分结合图表直接给出了实验数据,文字部分用到了 ranged from...,Fig.4 shows the results of...,the data with... did not achieve...等表达来给出数据。作者按照一定的逻辑顺序给出数据,并未罗列数据或重复数据,而是对数据进行了解释,在最后一段略作讨论,读者可清楚地看到 This was not a surprise 开头的句子,找到作者对结果讨论的重点内容。此种写作方法可使较多的数据清晰、有次序地呈现,并使读者易于读取每个数据的意义,获取有效信息。

例 2 摘自 Xihui Wang 等人发表在 *Journal of Electrostatics* 72 (2014) 270－284 的论文,题目为 An analytical method for DC negative corona discharge in a wire-cylinder device at high temperatures。

【例 2】

Experimental results

Discharging photographs under different conditions are taken. Photos at temperatures of 350—850℃ with applied voltages close to the corresponding spark breakdown voltages are displayed in Fig. 4(a). Photos at a temperature of 550℃ and at different voltages are displayed in Fig. 4(b). The boundary halo on the photograph is considered to be the outer boundary of the corona region. At a temperature of 850℃, the radiation of gas molecules is strong and covers the light that is radiated by the photons that are produced in the excitation reactions, which results in an unclear appearance of a corona. At the boundary of the corona region, the light is purple and blue, which indicates that the energy of the photons is —3 eV. These photons are excited by electrons. In other words, the energy of the electrons at the corona boundary is —3 eV, which corresponds to a reduced electric field value of 110 Td. Therefore, it is reasonable to regard the radius at which the value of E/N equals 110 Td as the boundary of the attachment layer. Taking the cathode of which the diameter is 2 mm as a reference, the sizes of the corona region under different conditions can be determined approximately from the photographs. The radius of the corona region at a temperature of 350℃ is the maximum radius among all of the experimental conditions. As the temperature increases from 350℃ to 850℃, the radius of the corona region decreases from —5.55 mm to—2.5 mm. At a temperature of 550℃, when the applied voltage increases from 10,500 V to 18,879 V, the radius of the corona region increases from 2.9 mm to 4.9 mm. The inter-electrode gap of the discharging device is 29 mm. Taking the radius of the corona region of 5.55 mm as an example, it takes up —19% of the inter-electrode

Table 4
Calculated conditions in the attachment layer at a temperature of 550 °C and at different voltages.

Parameters	Values		
Temperature (°C)	550	550	550
Applied voltage (V)	10,500	13,557	16,604
Discharging current (μA)	137.03	358.90	1131.12
Radius at the attachment layer (mm)	3.08	3.90	4.53
Electric field at the attachment boundary ($\times 10^{-6}$ V/m)	0.9811	0.9811	0.9811
Thickness of the attachment layer (mm)	0.26	0.32	0.39
Ionic current at the attachment boundary (μA)	22.51	54.02	176.98
Saturation ionic current (μA)	51.03	216.8	335.01
The ratio of the electron current to the total current	83.57%	84.95%	84.35%

gap, which indicates that neglecting the thickness of the corona region could cause unexpected errors in the calculations.

与上例相同的是，本文作者也使用了图表列出详细数据，达到简洁、直观的效果。与上例不同之处是，本例对数据解释性语言比较多。对数据和实验细节的详细描述可以使数据解释清晰易懂。

使用简单的陈述句解释数据还是通过详细说明实验细节以解释数据，可以根据实验的具体情况而定。总之，要做到对数据进行确切的解释，让读者明白数据的来源和意义。

7.2 讨论部分的撰写

如前文所述，英文电力科技论文的讨论(Discussion)部分根据期刊的不同，名称有所不同，有的要求结果(Results)与讨论(Discussion)部分分开，有的要求把两部分合并，有的则不用讨论(Discussion)而用结论(Conclusion)。因此，一篇论文的讨论部分如何撰写以及是否必须撰写，要根据文章主题和投稿期刊的要求进行调整。本节将重点讲述在"讨论"不与其他部分合并的情况下如何撰写。一般来说，此部分的撰写要翔实、简短，以三至四个段落为宜。

7.2.1 讨论部分的基本内容

讨论部分是英文电力学术论文中很关键的部分，作者可以首先介绍课题内容和国内外对本课题的研究近况，以及本研究的结果和结论与国际、国内先进水平相比处于何种地位。其次，要根据一些有意义的研究结果，清楚地阐明这些结果的重要性及创新点，并说明这些结果值得其他学者或同行注意的原因。最后要对本研究的局限性、缺点、疑点等加以分析和解释，并说明本文未能解决的问题，提出今后研究的方向与问题。这部分也是论文里最难写的一部分。或许某些论文的实验结果是正确的，也颇具意义，但如果讨论部分写得不好，没有把结果的意义充分地阐释出来，甚至掩盖或歪曲了结果的意义，也不会被发表。作者在撰写讨论部分时需投入更多的精力，对结果的数据深入分析，并清楚地表述出来。讨论部分通常包括以下几个项目：复述研究目的；介绍主要研究结果；解释研究结果；说明研究的局限性；阐述研究成果所带来的启示；给出进一步研究的建议。

作者应从论文的研究目的出发，选择适合自己文章主题的写作内容与结构，突出重点，紧扣论题。

7.2.2 讨论部分的写作方法

撰写英文电力科技论文的讨论部分首先应注意与导论部分相呼应，引言的内容一般是从宽泛的课题过渡到较狭窄的研究主题，而讨论部分则要反过来，从这个狭窄的主题延伸到一个更宽泛、更综合的主题。导论部分是通过确定研究主题的重要性、提供背景信息、给出研究问题的范畴或目前的研究重点、呈现要验证的预测等引入研究主题，而讨论部分要按照相同的模式、相反的顺序走出研究主题，结束讨论。导论部分给出了一个或几个问题，讨论部分应根据论文的研究结果针对之前的问题给出解决方案或结论。如果导论指出了待解决的问题，则讨论部分就要给出合理的解答。

讨论部分要重点讨论研究结果的意义，尽量揭示结果部分说明的原理、关系和普遍适用的意义，特别注意是讨论而不是重述结果。在论述过程中要有理有据，通过讨论使读者了解到数据及结果是否与以往文献一致、本研究课题的重要意义及创新点，最终体现研究价值。

讨论部分还应指出研究的优缺点，兼顾信息公开性及真实性。在展示优势时，作者可大胆列出研究的所有优势，体现研究价值和科学性。如研究确有局限性或缺点，也应陈述清楚，不可遮遮掩掩，避而不谈，这样会让审稿人或读者认为作者没有注意到某些问题而否定整个研究，同时也违背科学的公开性。

总之，讨论部分的观点或结论的表述要清楚、明确，观点要有证据支撑。对研究结果意义和实际应用效果的表达要实事求是，不可夸大其词。推论要符合逻辑，避免实验数据不足以支持的观点和结论。

下面的例子题为 Electrohydrodynamic cone-jet bridges: Stability diagram and operating modes，由 Fangjie Liu 等撰写，发表于 *Journal of Electrostatics* 72 (2014) 330－335。

【例 3】

Discussions

Although the focus of this study of cone-jet bridges was the experimental mapping of the stability diagram and operating modes, we shall make a few comments to better connect the present study with prior work.

The cone-jet bridge builds upon the conventional Taylor cone-jet. The coupling between electric and flow fields with deformable interfaces makes it very difficult to quantitatively analyze the cone-jet systems. Even the conversion from voltages to electric fields is not straightforward as noted earlier. For this reason, our operating diagrams were presented on the voltage-flow rate (V-Q) map, similar to those reported for conventional cone-jets. Although the lower voltage boundary of the cone-jet bridge was close to that of the Taylor cone-jet (Fig. 3), the minimum flow rates in the two systems did not seem to be directly related. For example, the minimum flow rate in conventional Taylor cone-jets typically varies inversely with the electrical conductivity, except for highly viscous working fluids; this well-known inverse dependence was not observed in cone-jet bridges when the conductivity of ethylene glycol was varied from 0.3μS/cm to 30 μS/cm.

The cone-jet bridge is related to a pinned liquid bridge under an electric field with two notable differences: the cone-jet bridge has an imposed flow rate, and the bridging jet is slender compared to the pinned bridge. A natural question is whether a slender cone-jet bridge can be directly built from a conventional liquid bridge without an imposed flow rate. We explored different possibilities including quickly stretching a conventional bridge while imposing an electric field, turning off the flow rate after establishing a stable cone-jet bridge, and imposing opposite flow rates from two symmetrically positioned nozzles. Despite extensive trials, we were not able to continuously transform a conventional pinned liquid bridge into a cone-jet bridge without first experiencing a breakup of the bridge.

The breakup modes for the cone-jet bridge have been observed in other contexts of capillary breakup with or without electric fields. The thinning mode seems to be promoted by radial polarization stresses, which can conceivably produce effects similar to those caused by axial extensions. Although the beading mode has a non-electrical analog, its occurrence at high fields is likely related to the accumulation of electrostatic charges and the associated Coulombic repulsion.

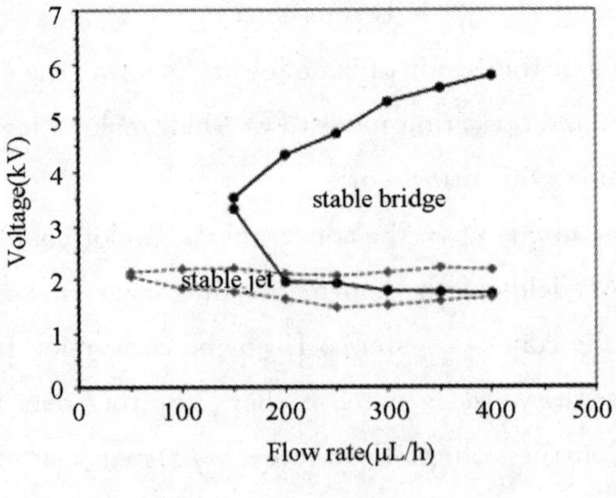

在这个例子中作者首先用到了 the focus of this study of ... was the experimental mapping of...的表达重述了论文研究主题，并用 we shall make a few comments to better connect the present study with prior work 的句子把本文的研究与前人的研究进行对比，同时引出下文。在接下来的段落中，作者指出了本研究的优势所在，如：our operating diagrams were presented on...，similar to...，此类句子阐释本研究不同于其他研究的地方。

作者依然借助图表对研究结果进行讨论，说明了数据的意义及价值所在。讨论部分观点表述清楚，内容实事求是。

7.3　结论部分的撰写

英文电力科技论文的结论(Conclusion)部分是紧跟在讨论部分后面的，是正文的最后一部分，也是论文最重要的一部分，有时和讨论(Discussion)合并。有些读者在阅读科技论文时直接看结论，了解研究成果，再决定要不要从头看文章。可见，写好结论部分是论文作者最重要的任务。结论的篇幅不需要太长，一般一两段即可。在讨论与结论分开写时，结论部分可包含以下几方面内容：概述主要的研究工作；陈述研究的主要结论；研究结果可能的应用前景以及进一步研究的方向。

撰写结论时的写作方法可参见上文的"讨论"写作方法，但要注意结论的撰写应更加简洁明了，避免拖沓冗长，还要注意结论不可简单重复研究结果，应给出结果的解释和意义所在，最后要注意结论部分不可使用缩略语。

下面的例子来自 IEEE/ASME TRANSACTIONS ON MECHATRONICS, VOL.20, NO. 1。

【例4】

CONCLUSION

In this paper, the fault detection, isolation, and accommodation schemes have been presented for MIMO mechanical systems. The proposed fault diagnosis scheme and fault-tolerant controller with NN learning intend to address several issues on dealing failures for mechanical systems: 1) friction model is identified (it may not be accurate); 2) failures are nonlinear in nature; 3) failure models are not available in prior; 4) controller can accommodate the failure when receiving a fault signal; and 5) tracking error can be maintained to be an acceptable level even if a failure occurs. In the future research, we will conduct more experiments to isolate two or three failures using the proposed isolation scheme in this paper.

本例以列出要点的方式讲明了论文的主要研究结果，清晰明了，便于读者获取重要信息。段落的结束部分作者用 In the future research, we will...的句型点明了进一步的研究方向。

下面的例子源自 IEEE TRANSACTIONS ON POWER ELECTRONICS, VOL. 30; NO. 1。

【例 5】

CONCLUSION

Modular multilevel converters have attractive operational features in terms of high voltage operation, power quality, efficiency, redundancy, and modularity. These features have attracted the interest of the research community, resulting in a large number of new configurations, models, control schemes, and modulation strategies. On the other hand, this converter is also interesting for industry, where several commercial products have already been developed for HVDC and medium voltage drives applications. This work presented a review of the latest achievements regarding modular multilevel converters in terms of modeling, control, modulation, applications, and future trends.

在本例中,作者在第一和第二句指出了本研究的结果,即 Modular multilevel converters have attractive operational features...; These features have attracted the interest of...。除了写明研究结论以外,作者还提到应用范围,即 this converter is also interesting for...。最后作者还指出了本研究的价值,即 This work presented a review of the latest achievements...。

7.4 结果与讨论部分的语言

论文作者在撰写结果与讨论部分时同样需要依据研究内容选取适合论文论述的语言。以下内容为该部分的时态、语态与常用表达总结。

7.4.1 时态与语态

在英文电力科技论文的结果与讨论部分亦存在过去时态与现在时态之间转换的情况。在指出结果在哪些图表中列出时、对研究结果进行说明或由其得出一般性推论时、不同结果之间进行比较时、给出研究发现与主要结论时常用一般现在时,同时在提及研究方向或下一步研究建议时,多使用情态动词的一般现在时;在表明研究工作的局限性时、概述研究目的和研究活动时、在叙述或总结研究结果的内容为有关过去的事实时通常采用过去时。

介绍研究结果和结论的句子既可以使用被动语态,也可以使用主动语态。前者是把结果的内容作为主语，后者则是把图表的名称当作主语。语态的选择取决于句子强调的内容及主语部分的长度。

7.4.2　常用表达

(1)回顾研究目的

在论文的结果与讨论部分，作者在重述研究目的时，通常使用此类表达：as discussed previously, the study investigated..., the aim of the research was..., in this study...were investigated, the study has presented..., in this paper, we have reported..., 等等。

(2)描述结果

作者在撰写结果部分时有时需要与他人的研究结果作比较，可以使用以下表达：it is apparently that in most cases..., it is evident from the result that..., the result are as follows:, in general..., ...can be seen in..., as indicated in..., as shown in..., compare well with..., in line with..., inconsistent with..., 等等。

(3)推论或结论

在推论或结论时，主句常使用推测动词或情态动词，例如：the results indicate..., the data suggest ..., the conclusion is..., the findings support..., 等等。

(4)研究受限及应用前景

在讨论或结论部分，作者需表明研究的局限性或受限性，还要写明应用前景或下一步研究方向，情态动词使用比较多，常见的表达有：only... was tested, the findings may be valid only for..., the proposed model is based on..., ... may be useful for..., the results of this study may lead to..., the direction for further study might be..., 等等。

第 8 章　参考文献的标注与著录

参考文献附在电力科技论文的正文后面,是撰写论文时引用的有关文献资料。在写论文时,凡是引用了他人、前人或自己本人已公开发表的观点、数据和资料等,都要在论文中加以标注,同时在正文后列出参考文献表,这一过程称为参考文献著录。参考文献是论文评审时必不可少的内容,它从一个侧面体现出作者的认识水平,如能选择、引用最具代表性的文献资源,作者自身的学术视野和论文水准也会提高。(陶范,2008:483)其功能是能让同行判断出论文的学术价值,同时说明文章具有广泛的科学依据,增加了文章研究成果的可信度,同时,也是作者对论文中所引用的资料来源的感谢。

8.1　参考文献的选择与标引

不同的刊物,包括 SCI 期刊,不仅对参考文献录入格式的要求不完全一样,对引用参考文献的数量要求也不完全相同。下面介绍参考文献引用和著录的基本要求。

8.1.1　正文中参考文献选取原则

著录参考文献应贯彻下列原则(Day,et al. 2006;CSE,2006;Hofinann,2010):

(1)所选用文献的主题必须与论文密切相关,可适量引用高水平的综述性论文(以概括一系列的相关文献);

(2)所引用的文献必须是亲自阅读过的,若为间接引用(即转引某篇论文的引文),则需要提及是从哪篇文献中转引的;

(3)尽可能引用已公开出版而且最好是便于查找的文献,即同等条件下应优先引用著名期刊上发表的论文;

(4)尽量避免引用非公开出版物;私人通信的注引方式应遵照拟投稿期刊的习惯或相关规定处理;

(5)优先引用最新发表的同等重要的论文;

(6)一般不引用专利和普通书籍(如大学本科生教材等);

(7)避免过多地特别是不必要地引用作者本人的文献;

(8)确保文献各著录项(如作者姓名,论文题目,期刊或专著名,期刊的年、卷、期或专著的出版年、出版地、出版社,起止页码等)的正确无误;

(9)需要体现近几年最新的有代表性的研究成果。

现将论文参考文献的著录原则归纳为4项,即直接引用原则、最主要原则、正式出版原则和引用过的原则。因此,我们将论文参考文献的著录原则总结为直接引用的文献,最必要、最主要、最新的文献和正式出版的文献。(向政等,2003:108)

英文电力科技论文的研究成果及文献都很多,作者在全面掌握所研究领域的信息后,应选用与论文主旨相关的文献进行引用,即遵循相关性原则。所引用的参考文献应该能说明作者论文中某一点,并能作为一定的理论或事实依据,或者借鉴某参考文献或受其启发或者是作为评价、比较的对象。

随着科学技术的迅速发展,知识更新也更加迅速,参考文献的时效性十分重要。作者在对学术前沿文献进行了解的同时,应掌握学术最新发展动态,在引用参考文献时应选择本专业或学科领域最新发表的相关文献,这样,可以显示作者所做研究的新颖性或前瞻性。

8.1.2　正文中参考文献的标引

文献的引用要严肃,不能过于随意,比如,不能在正文的次级标题中直接标引文献。要尊重引文作者,尽量不评论引文作者的不足或者欠缺,如果需要进行评论,用词应该委婉。不同期刊对标注形式有不同的要求,作者应遵从相应期刊的要求,引证标注可放在句子中间或者句子的末尾,也就是要把标注放在句子中实际提及引文内容的地方。要确保正文中所标引的文献都包含于文末的文献书目中,反之亦然。

8.2　参考文献注录方法

位于论文末尾的参考文献应该是作者在写作中已经阅读的图书、论著、期刊、论文集、专利、标准、学位论文等,而且是已在论文中直接引用过的。所引用的文献应该是正式出版的专著、论文集、报纸文章、期刊文章、学位论文、报告、标准、专利等印刷版文献及电子文献,如,磁带、光盘、网络版文献等。

为便于学术论文信息的传递,作者一般遵循一定的格式编排参考文献。常见的学术论文格式有:APA论文格式——American Psychological Association(美国心理学会);MLA论文格式——Modern Language Association style(现代语言学会论文格式)和芝加哥论文格式。因为上述格式不同,参考文献的书写和排版也不尽相同。

8.2.1 APA 格式

APA 论文格式最初源于美国心理学会主办的心理杂志,但现在已广泛应用于各种不同专业的杂志期刊。在 APA 格式下的参考文献,其英文表达为 References。根据 APA 格式撰写的科技论文中,只有在论文中引用的参考文献才能列入论文后的 References。以下是书写 References 的几个要点:

(1)作者的名字的首字母置于作者的姓之后,即,姓在前,名在后,姓与名之间用逗号分开。

(2)作者姓名之后用圆括号表示书籍、杂志等出版的时间。

(3)紧接时间之后有两种情况:在列出所引用的文章时,文章标题的第一个单词的首字母要大写。标题中若有冒号,则冒号后的第一个字母也要大写。文章标题之后为期刊名、期刊号、所引用文章的该期刊的页数。其中期刊名和期刊号用斜体字或用下标线标出。期刊名中每个单词的首字母均要大写。在列出所引用的书籍时,书名的第一个单词的首字母要大写。整个书名用斜体字或用下标线标出。如果不需说明再版或卷号,书名后用句号结束。然后书写出版该书的城市,用冒号引出出版社,最后用句号结束。

(4)参考文献按作者姓氏的首字母顺序排列,不用号码编序。

(5)APA 论文格式有两种常见的排版格式。若论文只是交给导师评分,则排版格式为悬挂式,即在参考文献中,条款与条款之间不隔行,但每一条款从第二行起向右缩进 5 格;若论文是为发表,则首行条款缩进 5 格。

(6)APA 论文格式中要全部写出起止页码数。

【例 1】

Horng, J. W. (2011). Current/voltage-mode third order quadrature oscillator employing two multiple outputs CCIIs and grounded capacitors. *Indian Journal of Pure & Applied Physics*, *vol*. 49, 494-498.

【例 2】

Olofsson, M., & Soder, L. (1995). Linear Programming Based Optimal Power Flow Using Second Order Sensitivities. *IEEE Transactions on Power Systems*, *no*. 3, 1691-1697.

【例 3】

Sun, D. I., Ashley, B., Brewer, B., Hughes A., & Tinney, W. F. (1984). Optimal Power Flow by Newton Approach. *IEEE Transactionson Power Apparatus and System*, *vol*. 103, *no*. 6, 2864-2880.

【例4】

Rojas, R.(1996). *Neural Networks: A Systematic Introduction*. New York: Springer-Verlag Berlin Heidelberg.

【例5】

MacArthur, R.& Wilson, E.(1967). *The Theory of Biogeography*. Princeton, NJ: Princeton Univ. Press.

例1—3为期刊的引用，分别是一名作者和多名作者的引用方法。例4和5是书籍的引用，分别引用了一名作者和两名及以上作者的文献。

在APA格式中，如果引用了同一作者的多篇作品，则按作品出版的先后顺序排列。下面的例子源自于2014年*Journal of Electrostatics* 72卷241页由Vladimir A. Saranin撰写的About behavior of electrostatic pendulum near conducting ordielectric plate论文参考文献。

【例6】

Saranin, V.A. (2012). Electrostatics oscillators, *Phys. Usp*, 55, 700—708.

Saranin, V.A. (2012). Method of Electrical Image in Problems and Experiments, *RKhD, Moscow-Izhevsk*, (*in Russian*).

Saranin, V.A. (2013). Energy, force and field strength in a system of two charged conducting balls, *J. Electrost*, 71, 746—753.

上述例子中的第一个和第二个作品发表于同一年，则按照作品名的首字母顺序排列，即c开头的Electrostatics oscillators排在m开头的Method of Electrical Image in Problems and Experiments作品之前。

如果第一作者相同，则按第二作者的姓氏字母顺序排列。

【例7】

Saranin, V. A., & Fedorov, A.B.(2010).

Saranin, V .A., & Mayer, V.V.(2010).

在APA格式中，正文不需使用脚注或尾注形式，而是使用文中夹注形式，即在正文中夹注引文作者的姓氏作品出版时间及其他能帮助检索引文出处的信息。

8.2.2 MLA格式

MLA格式中的参考文献为Works Cited，和芝加哥论文格式相似，文献排版格式为悬挂缩进，文献按作者姓氏首字母顺序排列，列于文末。

文章类文献的排列顺序为：作者＋文章（双引号）＋期刊（下划线或斜体字）＋卷（期）号＋出版年份＋页码。文章名后的句号应放在双引号之内。这一点与芝加哥论文格式也是相同的。

【例 8】

Alcaza, Y.J.A., Oliveira, D.S., Tofoli, Jr., F.L., and R.P. Torrico-Bascopé. "DC - DC Nonisolated Boost Converter Based on the Three-state Switching Cell and Voltage Multiplier Cells." *IEEE Trans. Ind. Electron*, vol.60(2013):4419－38.

Lopez-Santos, O., Martinez-Salamero, L. Garcia, G. Valderrama-Blavi, H., and Mercuri, D. O. "Efficiency Analysis of a Sliding-mode Controlled Quadratic Boost Converter." *IET Power Electron.*, vol.6(2013):373－64.

书籍类文献的排列顺序为：作者名＋书名＋出版地＋出版商＋出版年份。

【例 9】

Borko H., and Bemier C. *Indexing Concepts and Methods*. New York: Academic Press, 1998.

Janet S. Dedd, et al. *The ACS Style Guide*. American Chemical Society. Washington, D. C., 1996.

Lannon J. M. *Technical Writing*. Boston: Little, Brown and Company, 1979.

另外，期刊、杂志的标题若是以冠词开头，则在 MLA 格式中可省略冠词。一年十二月中，除 May, June, July 不用缩略语，其他月份均要用缩略语。

8.2.3 芝加哥论文格式

根据 1993 年出版的《芝加哥论文格式手册》，此格式中的参考文献称为 Bibliography。基本内容包括三项：作者名、作品名及出版事项。作品的第一作者的姓要写在前，名写在后。第二及第三作者的姓名按正常顺序书写(即：名在前，姓在后)。作品名中每一个单词的首字母大写，但介词、连词等除外。在每一条参考文献的基本三项后都应以句号结尾。每个句号后空两格，每个逗号及冒号后空一格。该格式的排版为悬挂缩进，即每条文献从第二行起都向右缩进五格。

若文献为文章类，基本排列顺序为：作者名＋文章名(双引号)＋期刊名(下划线；期刊名中每个单词首字母大写)＋期刊号＋出版时间(圆括号＋冒号)＋页码数。在芝加哥论文格式中，若文章的止页码数只有最后两位与始页码数不同，而其余的都相同，则相同的部分可省略。

【例 10】

Fabre A., O. Saaid, F. Wiest, and C. Boucheron. "Current Controllable Bandpass Filter Based on Translinear Conveyors." <u>Electron. Lett.</u> vol.31(1995):1727－28.

Lahiri, A. "Current-mode Variable Frequency Quadrature Sinusoidal Oscillators Using Two CCs and Four Passive Components Including Grounded Capacitors: A Supplement". <u>Analog Integrated Circuits Signal Processing</u>, vol. 68(2011):129－31.

Horng, J. W."Current／voltage-mode Third Order Quadrature Oscillator Employing Two Multiple Outputs CCIIs and Grounded Capacitors."Indian Journal of Pure & Applied Physics vol. 49(2011): 494－8.

若文献为著作类,其基本排列顺序为:作者名＋书籍名(下划线或斜体)＋出版地＋出版商＋出版年。书籍名的首字母及其他实词首字母要大写。若有副标题,则用冒号将正标题与副标题隔开,副标题的首字母大写。若著作为多卷本丛书,则在书籍名上加卷数。

【例11】

Gibaldi J., MLA Style Manual and Guide to Scholarly Publishing. 2nd ed. New York: The Modern Language Association of America, 1998.

Hansen W. R., Suggestions to Authors of the Reports of the United States Geological Survey, 7th ed. Washington: U.S. Government Printing Office, 1991.

Day R. A., How to Write and Publish a Scientific Paper. 5th ed. Phoenix: The Oryx Press, 1998.

Booth V., Communicating in Science: Writing a Scientific Paper and Speaking at Scientific Meetings. 2nd ed. Cambridge: Cambridge University Press, 1999.

在芝加哥论文格式的参考文献中,若同一作者多部作品被引用,则作者名不必重复写出,只需在文献左端连写三个连字符(hyphens),后接句号,再空两格,写出作品名。当然,所有文献的排列序号在作者名相同的情况下,按作品名的首字母顺序排列。

【例12】

Minhaj, N. "Multioutput Current-controlled Current Conveyorbased Function Generator." in Proc. International Conference on Advances in Computing, Control, & Telecommunication Technologies, (2009):424－27.

———.　"MOCCCII － based Function Generator with Grounded Passive Components."in Proc. XXXII Nationl Systems Conference. NSC, (2008):335－38.

【例13】

Lahiri, A."Explicit-current-output Quadrature Scillator Using Second-generation Current Conveyor Transconductance Amplifier." Radioengineering. vol. 18.(2009): 522－26.

———.　"New Current-mode Quadrature Oscillator Using CDTA."IEICE Electronics Express, vol. 6.(2009):135－40.

在该格式中,引文要求采用脚注或尾注的方式。引文需加序号,当注释出现在文章的每一页的底端时，脚注出现在文章的尾部时，称为尾注。序号一般放在句末标点之外，且不留空格。

8.3 参考文献的标注方式

关于参考文献的标注方式，国际上流行两种系统：一种是按作者姓氏字母排序排列(alphabetical list of references)。这种标注方式在前面介绍的三种基本格式要求下，每一条文献的具体、详细写法及排版方式略有不同。这种排列方式可以对文末的参考文献不加序号。另一种是按引用顺序排列(numbered list of references)，即按正文中引用的顺序为文末参考文献依次编号，引用时只需写明序号便可，无需在正文中列出作者的姓名、出版年代及页码数。参考文献主要根据在正文中第一次出现的先后顺序编号。第二次或以后提及同一参考文献时，仍用第一次用的编号。使用序号的参考文献可以使作者在不使用脚注的情况下令正文与参考文献更好地联系起来，同时也便于读者查阅。采取这种标注方式时，多采用按作者名写在前、姓写在后的格式，并且排版方式为齐头式。当今美国 IEEE(美国电气与电子工程师协会，即 the Institute of Electrical & Electronics Engineers)主办的各种电力核心期刊大多采用此种标注方式。

下面具体实例源自 *IEEE TRANSACTIONS ON INDUSTRIAL ELECTRONICS* 杂志 2014 年 12 月 61 卷 6536 页，由 Quoc-Nam Trinh 等人撰写的论文 An Enhanced Grid Current Compensator for Grid-Connected Distributed Generation Under Nonlinear Loads and Grid Voltage Distortions 中的部分参考文献。

REFERENCES

[1] R. C. Dugan and T. E. McDermott, "Distributed generation," *IEEI Ind. Appl. Mag.*, vol.8, no.2, pp.19—25, Mar./Apr. 2002.

[2] F. Blaabjerg, R. Teodorescu, M. Liserre, and A. V. Timbus, "Overview of control and grid synchronization for distributed power generation systems," *IEEE Trans. Ind. Electron.*, vol.53, no.5, pp.1398—1409, Oct. 2006.

[3] J. A. Suul, K. Ljokelsoy, T. Midtsund, and T. Undeland, "Synchronous reference frame hysteresis current control for grid converter applications," *IEEI Ind. Appl.*, vol.47, no.5, pp.2183—2194, Sep./Oct. 2011.

[4] Q. Zeng and L. Chang, "An advanced SVPWM-based predictive current controller for three-phase inverters in distributed generation systems," *IEEE Trans. Ind. Electron.*, vol.55, no.3, pp.1235—1246, Mar. 2008.

[5]S. Buso and P. Mattavelli,"Digital control in power electronics," in *Synthesis Lectures on Power Electronics*. San Rafael, CA, USA: Morgan & Claypool, 2006.

以序号标注的参考文献标题多为 REFERENCES。书籍名及期刊、杂志和会议名常用斜体表示,在期刊、杂志和会议上发表的文章名用双引号表示,但是这种标注方式同按作者姓氏字母顺序标注方式一样,不同的刊物在对文献标点、印刷字体、空格、作者名的排列、大小写等方面有不同的要求及差别,在把握了参考文献标注的基本原则下,读者可根据具体刊物的具体要求对参考文献进行标注。

8.4 其他注意事项

加强参考文献著录中的学术道德意识,避免引而不著、著而不引、过度他引、不正当自引、模糊著引等。(郭玲,陈燕,2007:8—10)所引参考文献的时间某种程度上能说明作者研究课题是否能很好地跟踪当前本学科的发展,所以,文献有一定的时限性。作者应引用较为重要的最新文献,尽量多引用 5 年内发表的最新文献,所引最新文献可在 50%以上。

避免转引、较多的自引。应区分合理自引与不合理自引,合理自引是表明课题的连续性、系统性以及为简练而做的必要自引,无须干预;而不合理自引会造成"影响因子"严重失真,编辑和审稿专家予以剔除。同时,不能有意漏引,以避自我炫耀甚至剽窃之嫌,应客观真实地反映科学的继承与发展。

近年来,我国科技期刊论文的篇均参考文献数量呈上升趋势,但仍低于国外科技期刊论文的篇均参考文献数。根据期刊引证报告(JCR)2000 版报道的数据,国际期刊、中国期刊各 45 种的篇均引文数分别为 28 条和 14 条。

8.5 常用参考文献、引文的缩略语和符号

Abbr.	abbreviated, abbreviation	缩写、缩略
App.	Appendix	附录
Art., arts.	Article(s)	冠词
Bibliog.	Bibliography, bibliographic, bibliographer	参考文献 参考文献的 文献编写者
bk., bks.	book(s)	书

c.	copyright	版权
cf.	confer (compare)	参照
ch., chap. c		
chs., chaps.	chapter(s)	章
cit.	citation, cited by	列举,引用
dept.	department	系
diss.	dissertation	博士论文
ed., edn.	edition	版
ed., eds.	editor(s)	编者
e.g.	exempli gratia (for example)	例如
et al.	et alii (and others)	及其他人等
etc.	et cetera (and so forth)	等,其他
ibid.	ibidem(in the same place)	出处同上
i.e.	id est (that is)	即
intl.	international	国际的
jour.	journal	刊物,学报
loc. cit.	loco citato (in the place cited)	上述引文中
mag.	magazine	杂志
ms., mss.	manuscript(s)	手稿
no., nos.	number(s)	序号
n.p.	no place, no publisher	出版地、出版商不详
n.pag.	no page(s)	无页码
n.s.	new series	新的一辑
o.s.	old series	旧的一辑
p., pp.	page(s)	页码
par., pars.	paragraph, paragraph (s)	段落
ser.	series	系列,丛书
sess.	session	会议
soc.	society	学会;协会
vol., vols.	volume(s)	卷
writ.	written by, writer	由……著,作者

第 9 章　科技论文投稿常识

在完成一篇具有实用性、科学性及创新性的科技论文之后，作者会将其稿件投到相关期刊进行发表，以期将其实验及研究成果与广大同行分享。正如 Science 主编 D. Kennedy 博士在其论著中所述，我们所有的思考、分析、实验和数据收集工作，在撰写论文之前，什么也不算。在学术领域，我们的成果是以写出的东西来体现的，出版物就像硬通货，是学术成果的基本表现形式……如果结果没有公开发表，就等于没有做实验，这是不言而喻的事情。(任胜利，2011：7；Kennedy D.，2002：229)因此，了解期刊相关知识，做好文章发表前期的准备工作，以及恰当使用投稿辅助技法，是科技论文投稿的必备常识。

9.1　了解期刊相关知识

了解期刊相关知识是论文投稿准备工作的第一步。作者在投稿之前，应该对本专业研究领域的期刊进行充分的了解，确保拟投稿期刊的出版内容与拟发表文章之间具有紧密的联系，即拟投稿文章符合期刊的出刊范围及栏目要求。

9.1.1　科技学术期刊分类及等级

综合考虑稿件内容及质量以及作者发表论文的具体情况，作者可以根据科技学术期刊分类及等级按照需求进行投稿。一般来说，科技学术期刊根据不同的分类和等级，可以分为省级期刊、国家级期刊、中文核心期刊、SCI 期刊以及 EI 期刊等。

SCI(Science Citation Index)中文名称为《科学引文索引》，是由美国科学情报研究所出版的期刊文献检索工具。收录了全世界出版的包括工程技术、数、理、化等自然科学各学科的核心期刊，期刊书目有 3700 多种。EI(The Engineering Index)中文名称为《工程索引》，1884 年创刊，是美国工程信息公司出版的著名工程技术类综合性检索工具，涉及专业有电工电子、机械、土木工程等。在基础科学领域，EI 只收录与工程和应用有关的文献。

定位好本专业领域期刊后通常还要确定期刊的影响因子(Impact Factor,IF);是否被SCI、EI或IEEE检索收录等相关信息,这也是衡量期刊质量的重要标准。期刊的影响因子是一项确定期刊影响大小的定量指标。

9.1.2 区分合法期刊及非法刊物

公开发表的科技期刊可以被分为两类,即正式科技期刊和非正式科技期刊。正式科技期刊指的是通过国家新闻出版署与国家科技部审批,被编入“国内统一刊号”的科技期刊。正式科技期刊的办刊申请是比较严格的,对编辑人员的素质和能力有一定的要求。非正式期刊是指通过行政部门审核领取“内部报刊准印证”作为行业内部交流的期刊(一般只限行业内交流,不公开发行)。非正式科技期刊也属于合法期刊。非法期刊是指没有通过国家新闻出版署和国家科技部批准的非法出版物,一般没有正规的审稿流程。作者在投稿之前一定要明确区分合法期刊和非法刊物,防止上当受骗,防止研究成果与成本付之东流。

(1)国际标准刊号

正式期刊的刊号由国际标准刊号(ISSN)和国内统一刊号(CN)两部分组成。国际标准刊号(International Standard Serial Numbering),缩写是ISSN,是连续出版物的代码标识,由前缀ISSN和8位数字组成。ISSN与8位数字之间空半个汉字。8位数字分为两段,每段4位数字,中间用半字线“－”隔开。8位数字的最后一位是校验码。(何建民,何一澜 2009:167)如,《电工技术学报》国际标准刊号:ISSN 1000－6753;《华北电力大学学报(自然科学版)》ISSN 1007－2691。

(2)国内统一刊号

国内统一刊号(CN Serial Numbering)简称CN,指我国报刊的代号。国内统一刊号以GB 2659－1986所规定的中国国别代码“CN”为识别标志,包括报刊登记号和分类号两部分,两部分之间以斜线“/”分隔。报刊登记号为定长的6位数字,由地区号(2位数字)和序号(4位数字)两部分组成,两者之间以半字线“－”隔开。如,《电工技术学报》国内统一刊号(CN)号为:CN 11－2188/TM,其中11为地区代码北京市,分类号为TM,即电工技术;《华北电力大学学报(自然科学版)》国内统一刊号CN号:CN 13－1212/TM,其中13为地区代码河北省,分类号为TM,即电工技术。

9.2 做足前期准备工作

9.2.1 仔细研读作者须知或投稿指南

一般情况下,相关期刊封面内或期刊网站上都会明确列出作者须知或投稿指南的内容及链接,这是期刊对拟收录文章的基本要求,仔细阅读相关内容并按照要求修改稿件对论文是否被录用起着举足轻重的作用。例如,《电气电子工程师协会电力系统汇刊》(IEEE Transactions on Power Systems)是电气电子工程师协会电力和能源学会的双月刊,在其期刊网主页"投稿指南"栏目中对拟收录文章提出了包括征稿范围、论文准备、提交信息、版权等五项基本要求,并在《投稿指南》之前给投稿人提供了具体查询、参考的网站信息。具体内容如下:

为获得最新详细信息,请核查电力和能源学会作者工具箱(http://www.ieee－pes.org)

(1)征稿范围:电力工程教育,电力系统分析、计算和经济,电力系统动态特性,电力系统运行,和电力系统规划与实施等领域文章。

(2)论文准备:作者工具箱中的第四部分提供了对电力和能源学会准备论文的基本指南,给予了关于出版格式,字号和字体的信息,提供了解释如何处理方程式、单位、数据、表格、参考文献、缩写词和首字母缩写的样式规则,也提供了论文致谢、参考文献和作者传记部分。所要求的论文形式的模板以PDF格式和Word格式提供。提交的汇刊论文篇幅限制在八页以内。如果复审过后论文长于八页,将会有强制页面收费。

(3)提交信息:作者将 word 格式(.doc, .rtf 或.ps)论文原稿直接上传至 ScholarOne Manuscripts。ScholarOne Manuscripts是一个使论文能被汇刊主编、编辑和评审人访问的万维网网站。论文将会被系统转换为PDF文件。(建议PDF文件大小在1MB以下,超幅的论文可能需要更长的审核时间。)完整的说明在读者工具箱的第二部分。

(4)论文接收:一旦论文被接收,作者需要上传以下最终文件至 ScholarOne Manuscripts:论文的Latex或者Microsoft Word源文件;论文的PDF文件;单独的Word, eps, ps, tiff, ppt或Excel格式的不包含在源文件中的图表文件;所有作者的个人概述和照片。另外,如果论文的最初投稿没有填写IEEE版权转让协议,作者需要通过 ScholarOne Manuscripts提交一份完整的电子版IEEE版权转让协议。

论文的凭证将会送至通讯作者核查与认可。

(5)版权:根据IEEE的政策,它代表着IEEE及其作者和员工的利益,拥有其出版的科技投稿的版权,并促进他人对这些成果适当的再利用。为了遵守美国著作权法,作者需要签名并提交一份完整的IEEE版权转让协议。

《电气电子工程师协会电力系统汇刊》的投稿指南对拟投稿件进行了详尽说明,包括稿件的创新性及原创性;投稿的政策,包括禁止一稿多投及抄袭现象的发生;文稿的内容,包括排版形式、摘要、关键词、参考文献等;稿件审查、基金项目标识等十分具体的内容,对作者修改整理稿件具有极大的参考价值。作者切记要参照拟投期刊的具体投稿要求,对稿件进行仔细斟酌,不符合基本要求及基本形式的稿件,即使具有极高的理论、应用价值及创新性,也会给审稿人带来极大的困扰。

9.2.2 恰当选择拟投稿期刊

选择合适的期刊是十分重要的,作者在论文定稿之后要了解相关研究领域的重要期刊,力争选择与论文主题最相关的期刊进行投稿,提高稿件的录用率。作者可以从以下几个方面考查所选期刊是否为适合投稿的备选期刊:期刊的办刊方针与宗旨;所属学科范围;期刊类型;读者对象群;期刊栏目分配、关注热点及发稿动态。除此之外,作者还要仔细研读拟投稿备选期刊上已经发表的文章,了解该期刊发表文章的内容、风格、格式、水平及行文规范,做到心中有数。

选择国际刊物进行投稿,可以参考期刊引用报告 JCR(Journal Citation Reports)(科技版),选择合适的学科类目,按照影响因子排序来挑选合适的刊物。JCR 可以给作者提供各期刊当年被引用次数;某一期刊当年刊载的论文在同一年即被引用的比率;期刊论文的平均被引用率,对于每一特定年度期刊计算出它的影响因子(Impact Factor)等信息,根据这些信息,作者可以找到某科技学科领域学术影响最大的期刊、被引用次数最多的期刊或最热门的期刊。之后,作者可以登录《乌利希国际期刊指南》(Ulrich's Periodicals Directory)网站查找刊物的地址或网站信息,进入刊物的网站查找相关投稿信息。

期刊的影响因子反映了期刊的学术影响力,期刊的影响因子越高,其学术影响力越大。在 1963 年 ISI 出版的《1961 年度科学引文索引》(Science Citation Index, SCI)中正式提出和使用影响因子(IF)这一术语。1972 年 Garfield 博士在其具有里程碑性的论文"引证分析作为期刊评价的工具"中系统分析了 SCI 所收录的 2200 余种期刊的约 1000 万篇出版物和 2700 余万条被引文献,指出期刊可按引证的频次和影响来划分等级。(任胜利,2011:14)

9.2.3 了解稿件审稿过程

科技论文的审稿程序、稿件审查内容和审查方法是科技论文作者投稿前需要了解的重要内容,可以为科技论文作者提高论文的录取率提供前提条件。

国外学术期刊多为同行审稿或称之为同行评议(peer review)。同行审稿是遴选论文、维护和提高学术质量的重要途径之一,也确保科技论文稿件的总体质量和水平符合相关的要求或标准。目前科技期刊采用的同行审稿形式主要有单向匿名审稿(single-anonymous peer review),双向匿名审稿(double-blind peer review, DAPR),实名审稿(real name system),公开审稿(open peer review)和量化审稿(quantizing manuscript proof)等等。单向匿名审稿的一般形式是作者姓名对审稿人公开,但审稿人姓名不对作者公开。为了保证评审的真实性,单项匿名审稿是目前使用比较普遍的一种同行评议方式。双向匿名审稿,顾名思义就是作者姓名和审稿人姓名互不公开的方式。在双向匿名审稿时,作者需要消除一切有可能泄露其身份的证据。双向匿名审稿的支持者们认为这种形式要比单向匿名审稿更加公正和公平,审稿专家能够在较为平静的心态下,公正客观地对待稿件并作出专业的评判。凡事都有两面性,针对单向匿名审稿以及双向匿名审稿所具有的局限性和弊端,公开审稿应运而生,在一定程度上避免并弥补了上述两种方法的不足。公开审稿即作者姓名和审稿人姓名互相公开,有效地防止审稿人不负责任的评议,受到某些期刊的大力推崇。(任胜利,2011:208—209)

9.3　用好投稿辅助技法

9.3.1　写好问询信(Query Letter)

投稿人撰写问询信的主要目的是向编辑咨询论文是否符合所投期刊的征稿范围及发表要求。简洁、明了是问询信的根本要求,长短一般限定在一页以内。问询信的主要内容包括:论文的研究主题、研究内容、研究方法及研究意义。在问询信的最后,投稿人常以谦虚的语气表达期待编辑尽快给予回复。

【例1】

Name , Editor

Magazine

Month Date ,*Year*

Dear *Name of the editor* ,

It is my great pleasure to share with you a manuscript entitled *Acoustically Enhanced Boiling Heat Transfer*. The primary objective of the study is to *investigate a new approach for enhancing boiling heat transfer*. To be specific, it can be realized by *using forced detachment of the vapor bubbles from the heated surface*.

I am looking forward to hearing from you and I would like to hear whether it is within the study field of the magazine.

Sincerely,

Name of the editor

(文中斜体部分依据具体论文内容及作者个人情况而定)

9.3.2　写好投稿信(Cover Letter)

除了上述提及的在投稿前做好一些投稿准备事项以外,科技论文作者还要恰当地运用几种投稿辅助技法来提高稿件录用率,通常情况下,作者需要撰写一封形式简洁但文体正式的投稿信(Cover Letter),随论文稿件一同寄送到期刊编辑部或在线提交到期刊指定投稿邮箱。投稿信的具体内容应视具体投稿期刊的不同要求而定,一般情况下应该包括以下主要内容:论文题目;论文类型;论文的主要观点及结论;所有作者的姓名;每位作者均已阅读稿件并对全部内容负责的书面承诺声明;所有作者是否对论文观点存在分歧或研究内容存在异议的声明;作者的详细联系方式,等等。下文是一封包含上述主要内容及完整格式的投稿信。

【例 2】

Name, Editor

Magazine

Month Date, *Year*

Dear Name of the editor,

Please consider the accompanying original research manuscript "XXXXX" by XX and XX for publication in the Magazine of XX. In this paper, we describe "*essential point of the article*". Both authors have read and approved the manuscript and take full responsibility for its content. The authors have no conflicts of interest in regard to this research or its funding.

Sincerely,

Author's Name

Author's Address

Email Address

Telephone Name

(Michael Jay Katz, 2009:178)

(文中斜体部分依据具体论文内容及作者个人情况而定)

此外,有些期刊建议作者在投稿信中推荐合适的审稿人,或如有需要,提出需回避的审稿人。除了阐述论文的主要观点和结论外,作者也可以在投稿信中简要说明稿件所研究项目的意义及文章的创新性。当然,如果作者有其他需要向编辑和审稿人特别说明的地方,比如特殊公式或图表制作软件等,也在投稿信中一并说明。下面一封内容较全面的投稿信供科技论文作者参考使用。

【例 3】

Name, Editor

Magazine

Month Date, *Year*

Dear Name of the editor,

Attached is a manuscript by XX (*Author's Name*) entitled "XXXXX (*Title of the Article*)", which we would like to submit for publication as a "Research Article" in XXXX (*Name of the Magazine*). We believe the paper may be of particular interest to the readers of your journals as it ...*(reason)*

All authors have read and approved this version of the article, and due care has been taken to ensure the integrity of the work. No part of this paper has been published or submitted elsewhere. No conflict of interest exists in the submission of this manuscript, and we have attached to this letter the signed letter granting us permission to use Figure 1 from another source.

We would like to suggest Dr. XXX, the editor of X, Professor XXX inPeking University (Email: XXX@XXX), or any other experts in the field of XXX assigned by the editorial board to review this manuscript.

Due to a direct competition and conflict of interest, we request that Dr. XXX of Yale University not be considered as reviewers.

Dr. XXX is the corresponding author, who can be reached at the following address, phone and fax number, and email address:

School of Electrical and Electronic Engineering NCEPU

2# Beinong Lu, Changping District

Beijing 102206, PRC

Tel:XXX

Fax:XXX

Email:XXX

Thanks very much for your attention to our paper. Please acknowledge receipt of this manuscript at your earliest convenience, and let us know if you need any further information.

Sincerely,

Author's Name

Author's Address

Email Address

Telephone Name

(任胜利,2011:191—192)

(文中斜体部分依据具体论文内容及作者个人情况而定)

这封投稿信在第一自然段介绍了投稿论文的作者、论文题目、投稿期刊名称，并阐释了投稿理由。第二自然段说明了所有作者为稿件所付出的努力，声明稿件尚未发表或投其他期刊以及相关引用许可证明。第三自然段，作者推荐了审稿人并提供了联系方式。第四段特别声明由于竞争及研究领域的关系，作者提出需要回避的审稿人。第五段详细介绍了通讯作者的联系方式。最后，作者感谢审稿人和期刊编辑部对稿件的审理并随时准备对未尽事宜进行答复及说明。

还有一些期刊在接到稿件之后，会向投稿人寄送或在线发送投稿要的要求，供作者提供相关信息，如下例所示。

【例 4】

[Article title]

Author Details *(please list these in the order which should appear in the published article)*

Author 1 Name:

Department:

University／Institution:

Town／City:

State (US only):

Country:

Bio statement (E.g., department and rank):

Author 2 Name:

Department:

University／Institution:

Town／City:

State (US only):

Country:

Bio statement (E.g., department and rank):

* Corresponding Author: [Name]

Corresponding Author's Email:

NOTE: affiliations should appear as the following: Department (if applicable); Institution; City; State (US only); Country.

No further information or detail should be included

Please check this box if you do not wish your email address to be published

Academic discipline and sub—disciplines:

Subject Classification (E. g., Photosynthesis; Black Holes; Four - Color Map Problem; Bayesian Theory):

Supporting Agencies (if applicable)

Identify agencies that provided funding or support for the work presented in this submission:

Type (Method/Approach)

Provide examples of relevant research types, methods, and approaches for this field (E.g., Historical Inquiry; Quasi-Experimental; Literary Analysis;

Survey/Interview):

Acknowledgments (if applicable):

Structured Abstract:

Key words:

Suggested referees (if possible)

Provide preferred reviewers in such fields so that the review process would be accelerated:

此时,作者只需按照投稿信中所列项目逐一填写相关信息即可,填写完成后一定要详细检查,确保内容和形式准确无误,并在规定时间内及时寄送或在线回复给期刊编辑部。

9.3.3　用好在线投稿服务

目前,投稿方式呈现多样化趋势,作者除了采用传统的寄送稿件、电子邮箱发送稿件方式之外,还可以利用互联网进行在线论文投稿。现在大多数期刊杂志都已采用了在线投稿方式,极大地方便了作者与审稿人及编辑之间的联系与沟通,同时还具有高效、便捷的显著特点。

作者需要登录期刊在线投稿界面,用真实姓名进行注册,按照投稿要求逐一提交稿件,添加投稿信息,比如提交投稿信、论文摘要、文件类型、论文全文、建议审稿人,等等。投稿成功后系统会对投稿论文进行编号,作者也通常会收到一份来自编辑或系统的确认函,作者可以根据确认函所提供的稿件编号随时用注册账号登陆投稿网站,实时跟踪了解稿件评审情况,做到心中有数。在稿件审理过程中如有需要,作者也可根据投稿系统提供的正规渠道或 E-mail 地址与编辑取得联系。

9.3.4　修改稿件说明信件

论文成功投稿之后,一般对于科技论文作者来说则是充满希望但又心情忐忑的等待期了,等待的时间或长或短,具体要看投稿期刊的审稿制度和机制。通常情况下,大概三个月左右的时间,作者会收到审稿意见。而审稿意见大多可以分为以下几种情况:稿件被接受,但需要进行修改;稿件需要进行较大改动,改后重投重审;稿件被拒。稿件不需要进行任何修改,直接录用刊登的情况是极少发生的。

作者要仔细阅读并分析审稿意见的逐句逐项,珍惜编辑部提供修改的机会,毕竟在选择投稿之前作者做了大量的准备工作并确实选择了自己心仪的期刊。修改稿件不可急于求成也不可仓促了事,要确实重新分析研究论文写作中的不当之处,并进行相应的处理和加工。作者在对稿件修改完毕后,可以将修改稿定稿重新排版,将修改之处用不同的颜色或者底线标明,方便审稿人查收修改之处。有些期刊向作者提供了制式的修改表格,并提供修改模板供作者修改稿件。一般情况下,作者随论文修改稿要一同附上分别写给编辑和审稿人的信。信中要具体详细说明论文主要修改之处,注明具体修改段落及内容,说明修改结果。

【例5】

Dear Editor,

I am enclosing a revised copy of my manuscript "XXXXX" *(Title of the Article)*.

I followed the reviewers' 8 suggestions. I have also taken this opportunity to improve the writing in the Discussion and to change the order of the tables in the Results. The Introduction cites 2 new supporting references. All told, the revised version is 3 paragraphs shorter and includes 4 new references...

在写给审稿人的信件中要对每个审稿人的每条评论做出合理的解释并说明具体修改情况。

【例6】

Here are the details of my responses to the reviewers' suggestions:

(1)Review A said it was unlikely that I could infer an effect from only 16 cases. Therefore, I have added the results of a t-test, showing that the likelihood that my data are chance variants of a normal distribution is less than 5%.

(2)Reviewer B pointed out that the second paragraph in the Discussion was wordy and imprecise. I have tightened the logic, taken a clearer stand, and in the process removed more than 20 words.

(Michael Jay Katz, 2009:181)

在写给审稿人的回信中应该注意:认真阅读审稿人提出的意见或建议并对其评论及时进行回复,同时对审稿人建设性的意见表示感谢;对审稿人提出的暂时不能解决的问题要在回复中先表示感谢并委婉客观地解释无法解决的具体原因;要说明每项修改在修改稿中的具体位置,以方便查阅再审;如果审稿人对稿件有误解或不当的评论不要攻击或指责;如果审稿意见中提出对英文写作进行语言润色和修改,则应该请教英语编辑专家或英语为母语的相关人士对稿件在语言方面进行润色加工,力争语言表达符合英文表达习惯。

9.3.5 投稿人与编辑往来信件撰写

投稿人在向期刊投出稿件或论文在期刊上发表后,可能会与期刊编辑就退稿、要求邮寄样刊等事宜进行书面沟通,相关信件撰写方式如下:

(1)请求收回论文

在论文被录用并对其进行修改后,由于某种原因,投稿人也可以书写信件请求收回论文,在请求收回论文的信件中要讲明收回论文的具体原因,并对其收回行为给投稿期刊所造成的影响表达歉意。

【例7】

Dear Editor,

I am awfully sorry to state that I suppose it would be better for me to withdraw the paper with the title of XXX because I have recently found that I need more time to recheck some of the statistics cited in the research stage of XXX.

Sincerely,

Author's Name

(2)要求邮寄出版样刊

论文发表后如出版杂志未能及时寄送样刊,作者可以给编辑撰写信件要求寄送样刊。

【例8】

Dear Editor,

I am writing to you to inquire about the probability of sending me two hardcopies of the publication (V11N4) with the title of XXX. I would like to show my great appreciation for your consideration.

Sincerely,

Author's Name

9.3.6 版权转让声明

科技论文稿件被期刊正式录用后,编辑部会将版面转让协议发给作者签字确认,一旦作者接到了这样一封版面转让协议书,一篇科技论文从构思、写作到投稿、修改、发表的全过程就完成了。下文是 Springer 出版社的版权转让协议书原文,供科技论文作者参考查阅。

【例9】

Consent to Publish

Title of the Book/Volume/Conference: ....

Volume Editor(s): ....

Title of Contribution: ....

Author(s) name(s): ....

Corresponding Author's name, address, affiliation and E-mail: ....

....

§ 1 Rights Granted

The copyright to the contribution identified above is transferred to Springer—Verlag GmbH Berlin Heidelberg (hereinafter called Springer-Verlag). The copyright transfer covers the sole right to print, publish, distribute and sell throughout the world the said contribution and parts thereof, including all revisions or versions and future editions, in all forms and media of expression-such as in its electronic form (offline, online) - now known or developed in the future, as well as to translate, print, publish, distribute and sell the contribution in any foreign languages and throughout the world.

Springer-Verlag will take, either in its own name or in that of the Author, any necessary steps to protect these rights against infringement by third parties. It will have the copyright notice inserted into all editions of the work according to the provisions of the Universal Copyright Convention (UCC) and dutifully take care of all formalities in this connection, either in its own name or in that of the Author.

If the author is an employee of the U.S. Government and performed this work as part of his employment, the contribution is not subject to U.S. copyright protection. The author transfers the publishing rights to Springer-Verlag to the extent transferable.

The author may self-archive an author-created version of his contribution on his own website and his institution's repository, including his final version; however he may not use the publisher's PDF version which is posted on www.springerlink.com, LNCS online. Furthermore, the author may only post his version provided acknowledgement is given to the original source of publication and a link is inserted to the published article on Springer-Verlag's website. The link must be accompanied by the following text:

"The original publication is available at www.springerlink.com".

The author warrants that the contribution is original except for such excerpts from copyrighted works (including illustrations, tables, and text quotations) as may be included with the permission of the copyright holder thereof, in which case(s) the author is required to obtain written permission and to indicate the precise source. Springer-Verlag has the right to permit others to use individual illustrations within the usual limits. The author warrants that the contribution has not heretofore been published in whole or in part, that it contains no libelous statements and does not infringe on any copyright, trademark, patent, statutory rights or proprietary rights of others; and that he will indemnify Springer-Verlag against any cost, expenses or damages for which Springer-Verlag may become liable as a result of any breach of this warranty.

§ 2 Delivery of the Work and Publication

The author agrees to deliver to the responsible editor(s) on a date to be agreed upon the manuscript created according to the Instructions for authors.

Springer-Verlag agrees to publish the said contribution at its own cost and expense.

§ 3 Author's Discount

The author is entitled to purchase for personal use (directly from Springer-Verlag) books published by Springer-Verlag at a discount of 331/3% off the list price. Resale of such books is not permitted.

§ 4 Entire Agreement

This agreement shall be deemed to be made under and shall be interpreted in accordance with the laws of the Federal Republic of Germany.

The corresponding author signs for and accepts responsibility for releasing this material on behalf of any and all co-authors.

Signature(s) of Author(s):

Date:

....

I' m an employee of the US Government and transfer the rights to the extent transferable

作者在收到《版权转让声明》后，按照相关要求写明论文题目、作者姓名等后亲笔签名确认同意文中所列内容，再以传真、电子邮件或寄送等方式将文件送达期刊编辑部，投稿工作全部完成，作者只需等待期刊出刊，接收期刊。

参考文献

[1][CSE]Council of Science Editors.*Scientific Style and Format: The CSE Manual for Authors, Editors, and Publishers*. 7th ed. Reston: Council of Science Editors,2006.

[2]Day R. A., Gastel B.*How to Write and Publish a Scientific Paper*. 6th ed. Cambridge: Cambridge University Press, 2006.(北京:北京大学出版社,2007 年影印版).

[3]GB 7713－1987.科学技术报告、学位论文和学术论文的编写格式. 北京:中国标准出版社,2005.

[4]GB/T7713.1－2006.学位论文编写规则. 北京:中国标准出版社,2007.

[5]Hofmann A. H.*Scientific Writing and Communication: Papers, Proposals and Presentations*. Oxford: Oxford University Press,2010.

[6]http://wk.baidu.com/view/2c4f1b0bb52acfc789ebc991#page/1/1404721475220.

[7]http://www.ces-transaction.com/CN/column/column107.shtml.

[8]Kennedy D.,著. 阎凤桥,译.学术责任(Academic Duty).北京:新华出版社,2002.

[9] Martha Davis. *Scientific Papers and Presentations*. New York: Academic Press,2004.

[10]Michael Jay Katz.*From Research to Manuscript A Guide to Scientific Writing*. Cleveland OH U.S.A: Case Western Reserve University,2009.

[11]Robert A. Day & Barbara Gastel.*How to Write and Publish a Scientific Paper*. London: Greenwood Press, 2006.

[12]Wenjin Dai.*Electronic Specialty Course*.Beijing:Tsinghua University Press,2011

[13]傅十和,朱迪·M.佩雷拉.如何撰写并发表英文经济学论文.上海:格致出版社,上海人民出版社,2012.

[14]郭玲,陈燕. 参考文献著录中的学术道德缺失现象及其防范.编辑学报,2007,19

(1):8—10.

[15]于志刚.中华人民共和国学位条例暂行实施办法. 北京:中国法制出版社,1981.

[16]何建民,何一澜.电力科技论文写作.北京:中国电力出版社,2010.

[17]蒋瑞松.理工科大学生学位论文写作规范与方法.上海:上海大学出版社,2011.

[18]李士勇,田新华.科技论文写作引论.哈尔滨:哈尔滨工业大学出版社,2013.

[19]李晓辉,王莹. 研究生学位论文写作教程.北京:化学工业出版社,2012.

[20]刘洪娥,张大春,冷怀明,汪勤俭.国际著名医学期刊论文题目结构特征分析.华南国防医学杂志,2007,(6).

[21]马玲.博士学位论文评审实施效果的调查分析.学位与研究生教育,2013(7):11—15.

[22]马妍春,黄可心. 科技论文摘要、关键词及参考文献的规范化.情报科学,1999(6).

[23]邱巍,王丽君. 电力科技论文英文标题的翻译.沈阳工程学院学报(社会科学版),2008, (4).

[24]任胜利.英语科技论文撰写与投稿(第二版).北京:科学出版社,2011.

[25]陶范.参考文献引用应遵循代表性原则.编辑学报,2008(6).

[26]韦凤年. 怎样写科技论文. 河南水利,2006,(9).

[27]文秋芳.应用语言学研究方法和论文写作.北京:外语教学与研究出版社,2012.

[28]吴寿林,汤怡蓉,王新春,谭梅风.科技论文与学位论文写作.上海:东华大学出版社,2009.

[29]向政,王燕萍,闫雪,刘永新.科技论文参考文献的著录原则及编辑方法.编辑学报,2003(2).

[30]肖东发,李武.学位论文写作与学术规范.北京:北京大学出版社,2009.

[31]尹玉吉.学术期刊的同行审稿与三审制比较研究.现代传播,2012(2).

[32]于至刚.学位论文写作指导.北京:中国法制出版社,2013.

[33]张桂萍,韩淑芹,董丹.英文科技论文标题句法结构的调查研究.上海科技翻译,2002, (2).

[34]张建设."实验"和"试验"浅析.中国科技术语,2009(5):50—60.

[35]张礼建,郑荣娟.论近代科学研究方法的特征.重庆大学学报(社会科学版),2004(5):74—77.

[36]赵有斌.科技论文英文摘要的特点.中国科技翻译.2001(1).

[37]周命德.电力科技论文写作指南.北京:中国电力出版社,2013.

[38]朱新佳.电力科技期刊现状及网络化进程.编辑学报,2009(12).